全国机械行业职业教育优质规划教材（高职高专）
经全国机械职业教育教学指导委员会审定

# 柴油电控发动机系统检修

**全国机械职业教育汽车类专业教学指导委员会（高职） 组编**

主　编　周文海
副主编　李海青　宋　捷
参　编　计　端　熊炳福　杨瑞蔚　谭新曲　黄镇财
　　　　范利红　邓万里　陈　晖　文　强

机械工业出版社

本书内容包括汽车散发出明显的燃油味的故障检修、柴油机在加速时冒黑烟的故障检修、电控柴油机无法起动的故障检修、柴油机动力不足且故障指示灯亮起的故障检修、新柴油机轿车油耗非常高的故障检修5个任务，系统地介绍了电控柴油机典型系统及零部件的组成、结构、特点、工作原理、技术参数、故障诊断与维修方法，重点介绍了柴油机电控系统及各种传感器的故障诊断原则、维修方法和技巧。本书从电控柴油机使用与维修的实际出发，以典型工作任务为主线，结合具体车型，将电控柴油机的技术理论与维修操作技巧进行了有机的结合。

本书可作为高职高专院校汽车类专业教材，也可作为中等职业院校、汽车维修培训学校的教材以及广大汽车维修技术人员的参考资料。

本书配有电子课件，凡使用本书作为教材的教师可登录机械工业出版社教育服务网 www.cmpedu.com 注册后下载。咨询邮箱：cmpgaozhi@sina.com。咨询电话：010-88379375。

## 图书在版编目（CIP）数据

柴油电控发动机系统检修/周文海主编. —北京：机械工业出版社，2016.12
全国机械行业职业教育优质规划教材（高职高专）经全国机械职业教育教学指导委员会审定
ISBN 978-7-111-55366-3

Ⅰ. ①柴… Ⅱ. ①周… Ⅲ. ①汽车-柴油机-电气控制系统-车辆检修-高等职业教育-教材 Ⅳ. ①U472.43

中国版本图书馆 CIP 数据核字（2016）第 272932 号

机械工业出版社（北京市百万庄大街22号　邮政编码100037）
策划编辑：张双国　　责任编辑：张双国
责任校对：佟瑞鑫　　封面设计：鞠　杨
责任印制：常天培
涿州市京南印刷厂印刷
2017年1月第1版第1次印刷
184mm×260mm・8.25印张・187千字
0001—3000册
标准书号：ISBN 978-7-111-55366-3
定价：22.00元

凡购本书，如有缺页、倒页、脱页，由本社发行部调换

电话服务　　　　　　　　　　网络服务
服务咨询热线：010-88379833　机工官网：www.cmpbook.com
读者购书热线：010-88379649　机工官博：weibo.com/cmp1952
　　　　　　　　　　　　　　教育服务网：www.cmpedu.com
封面无防伪标均为盗版　　　　金 书 网：www.golden-book.com

# 全国机械职业教育汽车类专业教学指导委员会（高职）

| | | |
|---|---|---|
| 行业顾问： | 张丽英 | 中国汽车工业协会 |
| | 王法长 | 中国汽车流通协会 |
| | 王德平 | 一汽新能源汽车分公司 |
| | 周文波 | 一汽大众销售有限责任公司 |
| | 俞政栋 | 捷豹路虎中国上海培训学院 |
| | 徐骋 | 北汽福田诸城奥铃汽车厂 |
| 主任委员： | 李春明 | 长春汽车工业高等专科学校 |
| 副主任委员： | 幺居标 | 北京电子科技职业学院 |
| | 尹万建 | 湖南汽车工程职业学院 |
| | 贺萍 | 深圳职业技术学院 |
| | 林若森 | 柳州职业技术学院 |
| | 江洪 | 重庆工业职业技术学院 |
| | 赵丽丽 | 中国汽车工程学会 |
| | 葛如海 | 无锡职业技术学院 |
| | 马金刚 | 邢台职业技术学院 |
| 秘书长： | 焦传君 | 长春汽车工业高等专科学校 |
| 副秘书长： | 吕江毅 | 北京电子科技职业学院 |
| 委员： | 高吕和 | 北京工业职业技术学院 |
| | 李晶华 | 天津职业大学 |
| | 姜绍忠 | 天津中德职业技术学院 |
| | 王世震 | 承德石油高等专科学校 |
| | 祁翠琴 | 河北工业职业技术学院 |
| | 张志 | 河北机电职业技术学院 |
| | 张亚军 | 山西机电职业技术学院 |
| | 白树全 | 包头职业技术学院 |
| | 田春霞 | 大连职业技术学院 |
| | 王庆伟 | 吉林化工学院 |
| | 卢红阳 | 牡丹江大学 |
| | 于星胜 | 哈尔滨职业技术学院 |
| | 杨柏青 | 黑龙江农业工程职业学院 |
| | 李彦 | 常州机电职业技术学院 |
| | 丁继斌 | 南京工业职业技术学院 |
| | 孙海波 | 常州工程职业技术学院 |
| | 戴晓峰 | 扬州工业职业技术学院 |
| | 楼晓春 | 杭州职业技术学院 |

| | |
|---|---|
| 倪　勇 | 浙江机电职业技术学院 |
| 张朝山 | 杭州科技职业技术学院 |
| 王爱国 | 安徽机电职业技术学院 |
| 安宗权 | 芜湖职业技术学院 |
| 黄经元 | 九江职业技术学院 |
| 王国林 | 山东交通职业学院 |
| 郭法宽 | 山东商业职业技术学院 |
| 尹秀丽 | 烟台职业学院 |
| 刘　华 | 威海职业学院 |
| 张成山 | 淄博职业学院 |
| 王　浩 | 河南工业职业技术学院 |
| 陈东照 | 河南机电职业学院 |
| 王青云 | 湖北工程职业学院 |
| 张　健 | 湖北工业职业技术学院 |
| 熊其兴 | 武汉职业技术学院 |
| 曾　鑫 | 武汉软件工程职业学院 |
| 张红英 | 黄冈职业技术学院 |
| 何忆斌 | 湖南工业职业技术学院 |
| 林振清 | 湖南机电职业技术学院 |
| 罗灯明 | 湖南汽车工程职业学院 |
| 陈黎明 | 广东机电职业技术学院 |
| 范爱民 | 顺德职业技术学院 |
| 周文海 | 柳州职业技术学院 |
| 张克明 | 海南经贸职业技术学院 |
| 袁苗达 | 重庆工业职业技术学院 |
| 肖　健 | 四川工程职业技术学院 |
| 付龙虎 | 泸州职业技术学院 |
| 周　明 | 云南机电职业技术学院 |
| 李选芒 | 陕西工业职业技术学院 |
| 张　鑫 | 陕西国防工业职业技术学院 |
| 王核心 | 宝鸡职业技术学院 |
| 李树金 | 甘肃林业职业技术学院 |
| 蓝伙金 | 机械工业出版社 |

## 汽车检测与维修技术专业教材研发小组（课题编号：JXHZW20140106）

**项目指导** 冯　渊　无锡职业技术学院
**组　　长** 尹万建　湖南汽车工程职业学院
**副 组 长** 幺居标　北京电子科技职业学院

**成　　员**（按姓氏首字排序）
　　　　　　林振清　湖南机电职业技术学院
　　　　　　罗灯明　湖南汽车工程职业学院
　　　　　　罗新闻　邢台职业技术学院
　　　　　　梅彦利　承德石油高等专科学校
　　　　　　祁翠琴　河北工业职业技术学院
　　　　　　宋作军　淄博职业学院
　　　　　　徐广琳　长春汽车工业高等专科学校
　　　　　　袁苗达　重庆工业职业技术学院
　　　　　　曾　鑫　武汉软件工程职业学院
　　　　　　张红英　黄冈职业技术学院
　　　　　　张　健　湖北工业职业技术学院
　　　　　　张　军　长春汽车工业高等专科学校
　　　　　　张葵葵　湖南交通职业技术学院
　　　　　　周文海　柳州职业技术学院
**联 系 人** 机械工业出版社　蓝伙金　张双国

# 丛书序

进入 21 世纪以后，经过十几年的发展，中国汽车产销已从爆炸式增长发展为稳步增长，中国已经成为世界最大的汽车生产国和主要的汽车消费国。到 2014 年底，中国的汽车产销已达 2400 万辆左右，中国已步入了汽车社会。中国汽车消费市场从最初的形成和发展走向了逐步成熟，并开始呈现市场结构优化、技术手段升级、营销模式创新和新兴服务领域快速涌现的新型态势。汽车售后服务领域和售后服务人才需求也进入了新常态，表现为一方面是汽车销售及售后服务业对人才的大量需求，另一方面是能够适应现代汽车销售市场和售后市场的中高级人才的匮乏。

为了给社会培养更多有用的人才，近年来，国内职业院校的汽车维修类专业在迅速扩充规模的同时积极探索新的人才培养模式，调整课程体系，积极探索行动导向教学法，以满足培养适应新形势下现代汽车售后服务类人才的需要。

这套汽车检测与维修技术专业教材，从市场需要的实际出发，以就业为导向，以实践技能为核心，倡导以学生为本位的培养理念，将综合性和案例性的实践活动转化成教材内容，帮助学生积累经验，全面提高学生的职业实践能力和职业素养，培养真正意义上的"汽车医生"，满足汽车后市场服务领域对具有解决实际问题能力的复合型高等技术技能人才的需要。

本系列教材按照汽车售后岗位的职业特点和职业技能要求，务求探索和创新：

1）注重汽车售后技术岗位对基础知识的要求，强调汽车机械基础、汽车电工电子方面的知识储备，使学生具备基本逻辑思维能力，并力求其具备强劲的发展后劲。

2）运用先进的课程体系构架，在学生掌握基础知识的基础上，将各系统的检测诊断按行动导向教学法进行划分，最后进行综合故障诊断，以期使学生有完整的思路方法。

3）随着汽车技术的不断发展，汽车新技术层出不穷，本套教材同时将新能源汽车方面的知识和技能纳入其中，以满足学生对新技术的需求。

4）注重维修企业的实践性操作，引入实际企业的实际案例，实现与企业的无缝对接。

5）强化职业技能和实操的训练，每章除了复习性的思考练习之外，还安排了用于实际操作训练的实践练习项目，训练学生的实际动手能力。

6）从能力拓展方面，编写了《汽车保险与理赔》《二手车评估》《汽车维修企业管

理》等教材，力求使学生知识全面。

汽车产业是国家支柱产业，汽车售后服务业属于朝阳产业，同时也是一个专业技术极强的业务领域。作为高职高专院校，其目标是培养具有一定的理论基础和较强的动手能力的一线应用型技术人才。本套教材紧扣高职高专教育的目标定位，力求实现创新驱动——内容创新、结构创新、形式创新，特色创新——典型案例、行动导向、企业实践。

本套教材在全国机械职业教育汽车类专业教学指导委员会的组织引导下，由多所职业院校教师共同参与完成，其间得到了机械工业出版社领导和编辑的支持和指导，是汽车检测与维修技术职业教育领域集体劳动的成果和智慧结晶。在此，谨对付出辛勤劳动的编作者表示衷心的感谢。

**汽车检测与维修技术专业教材研发小组组长　尹万建**

# 前言

随着人们节能和环保意识的加强,柴油汽车已成为世界汽车市场新宠,不仅如此,柴油机在大型载货汽车和工程机械上也被广泛使用。电控柴油机是集机、电、液一体化的关键动力装置,其技术含量在不断地提升。目前,电控柴油机类型多,结构复杂,维修难度大。随着柴油汽车数量的增加,掌握电控柴油机的结构特点、工作原理与维修技术已经成为汽车维修技术人员的重要课程。

本书从电控柴油机使用与维修的实际出发,以典型工作任务为主线,结合具体车型将电控柴油机的技术理论与维修操作有机结合,内容包括汽车散发出明显的燃油味的故障检修、柴油机在加速时冒黑烟的故障检修、电控柴油机无法起动的故障检修、柴油机动力不足且故障指示灯亮起的故障检修、新柴油机轿车油耗非常高的故障检修5个典型工作任务,系统地介绍了电控柴油机典型系统及零部件的组成、结构、特点、工作原理、技术参数、故障诊断与维修方法。本书同故障案例既相对独立又相互关联,既可供广大汽车维修技术人员结合实际选读或查阅,即学即用,也可供大中专院校相关专业师生和汽车维修培训学校参考。

本书由周文海任主编,李海青、宋捷任副主编,参加编写的还有陈晖、文强、黄镇财、熊炳福、计端、杨瑞蔚、谭新曲、范利红、邓万里。在编写本书过程中借鉴了很多汽车维修专家精彩讲座中的观点,参考了大量汽车品牌的售后服务培训资料、网站、汽车维修书籍和期刊的文章,得到了许多同行的帮助,在此一并表示感谢。

由于编者水平有限,书中不妥之处在所难免,恳请读者批评指正!

编 者

# 目 录

丛书序

前 言

## 学习任务 1　汽车散发出明显的燃油味的故障检修 … 1
### 任务目标 … 1
### 1　客户报修：汽车散发出明显的燃油味 … 1
#### 1.1　任务描述 … 1
#### 1.2　工作流程 … 1
#### 1.3　资讯导读 … 1
### 2　信息收集 … 2
#### 2.1　认识柴油机燃油供给系统 … 2
#### 2.2　柴油机燃油供给系统的高、低压油路的组成 … 6
### 3　执行工作任务、检查工作质量 … 10
#### 3.1　柴油机油路有空气的诊断与分析 … 10
#### 3.2　低压油路检查与诊断 … 13
### 4　拓展任务 … 14
#### 4.1　黄海 DD6111 型客车不能起动 … 14
#### 4.2　跃进 NJ061 型汽车行驶中自行熄火 … 15
### 学习任务单 1 … 15

## 学习任务 2　柴油机在加速时冒黑烟的故障检修 … 17
### 任务目标 … 17
### 1　客户报修：电控柴油机在加速时冒黑烟 … 17
#### 1.1　任务描述 … 17
#### 1.2　工作流程 … 17
#### 1.3　资讯导读 … 18
### 2　信息收集 … 18

|     |     |                              |     |
| --- | --- | ---------------------------- | --- |
|     | 2.1 | 柴油机工作原理及特点         | 18  |
|     | 2.2 | 柴油机的燃料特性             | 20  |
|     | 2.3 | 柴油机燃烧过程               | 21  |
|     | 2.4 | 发动机工作示功图             | 21  |
|     | 2.5 | 柴油机的电控燃油喷射系统     | 22  |
|     | 2.6 | 柴油机喷油器的结构与工作原理 | 32  |
| 3   | 执行工作任务、检查工作质量   |     | 37  |
|     | 3.1 | 任务背景                     | 37  |
|     | 3.2 | 喷油器的拆装                 | 38  |
| 4   | 拓展任务                     |     | 42  |
| 学习任务单 2 |     |                  | 43  |

## 学习任务 3　电控柴油机无法起动的故障检修　44

| 任务目标 |     |                                          | 44 |
| -------- | --- | ---------------------------------------- | -- |
| 1        | 客户报修：电控柴油机无法起动 |              | 44 |
|          | 1.1 | 任务描述                                 | 44 |
|          | 1.2 | 工作流程                                 | 44 |
|          | 1.3 | 资讯导读                                 | 44 |
| 2        | 信息收集 |                                      | 45 |
|          | 2.1 | 喷油压力控制原理                         | 45 |
|          | 2.2 | 喷油正时原理                             | 46 |
|          | 2.3 | 柴油机冷起动预热装置的检修               | 49 |
|          | 2.4 | 主要传感器与执行器的工作原理与检修       | 52 |
|          | 2.5 | 常用执行器电磁阀的检修                   | 57 |
|          | 2.6 | ECU                                      | 59 |
| 3        | 执行工作任务、检查工作质量 |                | 61 |
|          | 3.1 | 哈弗 GW2.8TC 型共轨柴油机不能起动故障原因与排除 | 61 |
|          | 3.2 | 正时带的更换和校正                       | 63 |
| 4        | 拓展任务 |                                      | 67 |
| 学习任务单 3 |     |                                  | 68 |

## 学习任务 4　柴油机动力不足且故障指示灯亮起的故障检修　69

| 任务目标 |     |                                          | 69 |
| -------- | --- | ---------------------------------------- | -- |
| 1        | 客户报修：柴油机动力不足且故障指示灯亮起 |  | 69 |
|          | 1.1 | 任务描述                                 | 69 |
|          | 1.2 | 工作流程                                 | 69 |
|          | 1.3 | 资讯导读                                 | 69 |
| 2        | 信息收集 |                                      | 70 |
|          | 2.1 | 自诊断程序、失效保护模式和跛行回家功能   | 70 |

    2.2  加速踏板位置传感器 72

    2.3  空气流量传感器 MAF（Mass Air Flow） 72

    2.4  共轨压力传感器 73

    2.5  氧传感器 75

    2.6  冷却液温度传感器（ECT） 77

    2.7  柴油机的废气再循环系统 77

    2.8  柴油机的增压系统 80

  3  执行工作任务、检查工作质量 86

    3.1  故障分析 86

    3.2  诊断实施 88

    3.3  器件和装置的检测与判断 91

  4  拓展任务 100

    4.1  北方奔驰自卸车发动机动力不足 100

    4.2  中通客车动力不足 100

  学习任务单 4 101

## 学习任务 5　新柴油机轿车油耗非常高的故障检修 102

  任务目标 102

  1  客户报修：新柴油机轿车油耗非常高 102

    1.1  任务描述 102

    1.2  工作流程 102

    1.3  资讯导读 102

  2  信息收集 103

    2.1  柴油机 ECU 103

    2.2  发动机管理系统的控制策略 105

    2.3  发动机后处理系统 106

    2.4  柴油机颗粒滤清器（DPF） 109

  3  执行工作任务、检查工作质量 110

    3.1  执行工作任务 110

    3.2  质量评价标准 114

  4  拓展任务 115

    4.1  发动机典型常见故障 115

    4.2  处理优惠和索赔委托任务流程 117

  学习任务单 5 117

参考文献 119

# 学习任务 1　汽车散发出明显的燃油味的故障检修

**任务目标**

1) 能够掌握汽车油路泄漏的故障维修的技巧。
2) 能够准备与任务相关的零件、工具和工作场所。
3) 能够制订相应的维修计划。
4) 能够分析工作中不安全因素并采取措施。
5) 掌握燃油供给系统的作用、类型和结构。
6) 能正确地判断柴油机油路泄漏的部位及能进行正确的排除。
7) 能够检查、评价、记录工作结果。
8) 能够收集并合理考虑客户愿望和信息。
9) 遵守劳动和环境保护的规定。

## 1　客户报修：汽车散发出明显的燃油味

### 1.1　任务描述

一辆柴油轿车行驶了 6 万 km，在行驶过程中，散发出明显的燃油味。客户要求排除这个故障。

### 1.2　工作流程

故障受理接待→直观检查、接车→接受客户委托→车辆识别→技术支持信息系统查询→该车维修手册查询→检查记录→劳动安全、环境保护、道路交通许可规定查询→故障诊断测量→备件→修理→工作质量检验。

### 1.3　资讯导读

要解决柴油机油路泄漏的故障，应了解燃油供给系统的作用、类型、结构，油位指示、油箱泄漏诊断系统的类型、结构、材料和功能，油水分离器的结构、原理，传感器的结构、原理；能进行低、高压油路排空气、排水以及低压油路测试与诊断作业。学生还应该具备一定的接车能力（能得到客户的理解和认同等）、与同事合作能力（提高维修速度等）、语言沟通能力（解决客户疑问、提高企业形象等）。

## 2　信息收集

### 2.1　认识柴油机燃油供给系统

**1. 柴油机可燃混合气形成的特点**

柴油机可燃混合气的形成和燃烧都是直接在燃烧室内进行的，如图1-1所示。

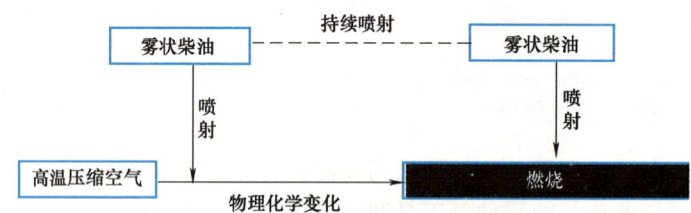

图1-1　柴油机可燃混合气的形成和燃烧

可燃混合气形成的方法有空间雾化和油膜蒸发两种。

（1）空间雾化混合方式　将柴油喷向燃烧室的空间，形成雾状混合物，再在空间蒸发形成混合气。

1）油雾形成。高压、高速燃料从喷油器以圆锥形的油束喷出。

2）空气运动促进混合。使油粒分布得更均匀，最有效的措施是使空气运动，多采用以下两种方法。

① 使进气产生涡流。利用弱涡流切向进气道或强涡流螺旋进气道，可以在进气行程中使空气绕气缸轴线旋转运动。

② 产生挤压涡流。利用活塞顶部的特殊形状，在压缩过程中和膨胀行程开始时，使空气在燃烧室中产生强烈的旋转运动，它存在于上止点附近，持续时间较短，转速越高，涡流越强，气流对油束的吹散作用越大。此外，空气涡流运动可以加速火焰的传播，促使燃烧及早结束。

（2）油膜蒸发混合方式　它是将柴油喷向燃烧室的壁面上，燃油的大部分（95%左右）形成油膜。由于油束贯穿空气和室壁的反射，有少量油粒（5%左右）悬浮在空间中，形成着火源。油膜在空间火源的热能作用下，逐层蒸发、逐层卷走、逐层燃烧，产生了燃气涡流，其燃烧速度是前期慢、后期快，使燃烧过程加速进行到终点。

**2. 柴油机燃油供给系统的功用**

1）在适当的时刻将一定数量的洁净柴油增压后以适当的规律喷入燃烧室。喷油定时和喷油量各缸相同且与柴油机运行工况相适应。喷油压力、喷注雾化质量及其在燃烧室内的分布与燃烧室类型相适应。

2）在每一个工作循环内，各气缸均喷油一次，喷油次序与气缸工作顺序一致。

3）根据柴油机负荷的变化自动调节循环供油量，以保证柴油机稳定运转，尤其要稳定怠速，限制超速。

4）储存一定数量的柴油，保证汽车的最大续驶里程。

**3. 柴油机供油系统的分类**

现代汽车用柴油机的供油系统，一般有如下几种：

（1）直列喷油泵系统　直列喷油泵系统是应用最为广泛的、传统的柴油喷射技术。多年以来，这种系统不断改进，并且适应更多的应用领域，因此，现在仍有不同版本的该系列喷油泵在广泛使用。它们的突出特点是稳定的耐久性和易维护性。依其具体应用条件都带有提前供油装置及机械式调速器或电子执行器。对于直列喷油泵（特别是广泛用于重型汽车发动机的）发动机每个气缸都有一套由凸轮轴驱动的柱塞-柱塞套总成，柱塞数必须和发动机的气缸数相同。图1-2所示为直列泵燃油供给系统示意图。

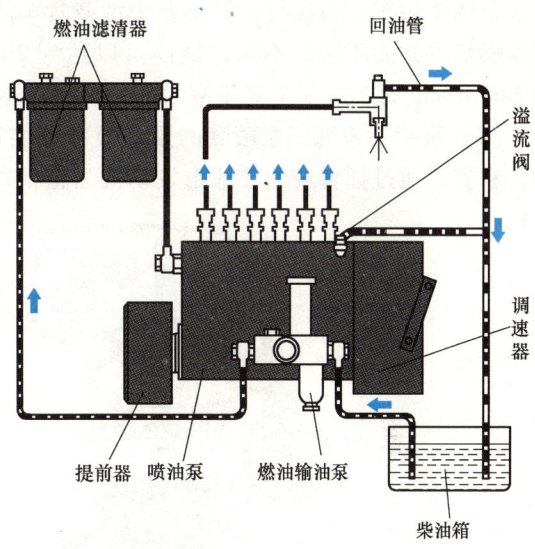

图 1-2　直列泵燃油供给系统示意图

（2）分配式喷油泵系统　分配式喷油泵燃油供给系统示意图如图1-3所示。分配泵的柱塞数与气缸数无关。其特点是带有整体式的喷油提前装置及机械式调速器或电子执行器。

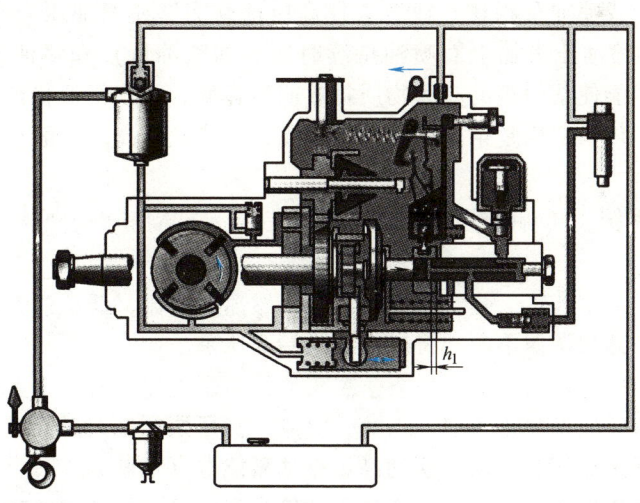

图 1-3　分配式喷油泵燃油供给系统示意图

在带有轴向柱塞的分配式喷油泵（这种泵在轿车及轻型载货车的高速非直喷式柴油机上广泛应用）里，一个中置的由凸轮盘驱动的柱塞产生压力并将燃油分配至各气缸，同时由一个控制环或电磁阀控制喷油量。

带有径向柱塞的分配式喷油泵（主要用于轿车及小型商用车的现代高速直喷式柴油机）

有2~4个凸轮环驱动的径向柱塞,用来产生压力和供油,用电磁阀控制喷油正时及调节燃油量。

这两种分配式喷油泵的零件都要求有较高的制造精度,以保证更长的使用寿命和一致性,保证准确控制进油口的关闭和喷油量,并保证各气缸之间的喷油量尽可能平均。分配式喷油泵用于轿车、拖拉机、轻型及中型载货车的3~6缸柴油机上,功率范围根据发动机转速和燃烧方式的不同而不同,最高可以达到20kW/缸。直喷柴油机用的分配式喷油泵转速达2400r/min时,喷油泵高压室的压力最高可达70MPa。

(3) 泵喷嘴系列　泵喷嘴的泵和喷嘴是装成一体的。每个气缸在缸盖上装有一个泵喷嘴,它直接通过摇臂或间接地由发动机凸轮轴通过推杆来驱动,如图1-4所示。

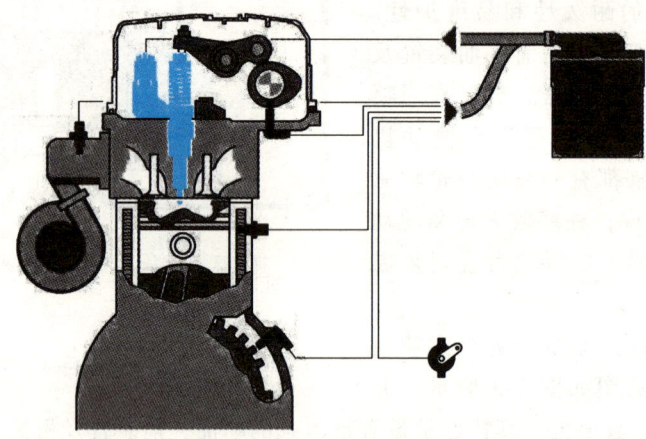

图1-4　泵喷嘴示意图

与直列泵和分配式喷油泵相比,通过去掉高压油管能够使喷油压力有显著的提高(至205MPa)。这样高的喷油压力加上对喷油持续时间(即喷油量)和喷油始点的特性曲线进行电子闭环控制,就能使柴油机的有害物质排放明显降低,并获得形状良好的供油率曲线。

由于泵喷嘴系列传动机构复杂,对缸盖要求高,系统成本高,一般在开发柴油机时不采用该供油系统。

(4) 共轨喷射系统　共轨燃油喷射系统由低压部分、高压部分和ECU组成,如图1-5所示。

低压供油部分包括柴油箱、预滤器、输油泵、燃油滤清器、低压油管。输油泵从油箱吸出经过滤清的燃油,然后源源不断地将燃油输送给高压泵。

高压部分包括带压力控制阀的高压泵、高压油管、轨压传感器、压力限制阀、流量限制器、作为高压蓄能器的油轨和喷油器及回油管组成。高压泵压缩燃油至最高达135MPa的系统压力,之后燃油通过高压管进入管状的高压燃油蓄能器(油轨)。

高压油轨中的高压燃油通过另一部分高压油管分配给发动机各缸的喷油器。即使喷油器为进行喷油已从轨道中获得燃油后,轨道内的压力还可以保持恒定,这是由于燃油的固有弹性而产生的蓄能器效应的结果。燃油压力由轨压传感器测量并通过压力限制阀保持在理想的水平。压力限制阀的功能是限定油轨中的压力不超过150MPa。高压燃油通过流量限制器直接从油轨进入喷油器,流量限制器避免过多的燃油流向燃烧室。

当喷油器上的电磁阀被激发,燃油流出时,喷嘴开启,将燃油直接喷入发动机燃烧室

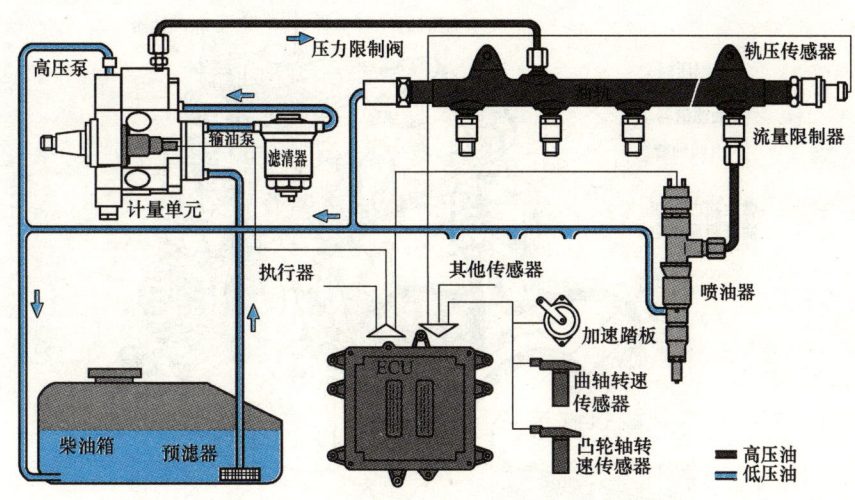

**图 1-5 共轨燃油喷射系统示意图**

内,多余的燃油通过回油管流回油箱。从压力限制阀、高压泵的回油也流回燃油箱。

共轨(蓄能器)系统使柴油机的喷射系统与各种远程控制功能有可能构成一个整体,同时提高了燃烧过程设计的灵活性。

系统依靠油轨把压力的产生与喷射分开。在载货车上用柱塞式直列泵作为高压泵,在轿车上用径向柱塞泵产生压力,这些泵可以设计成在低转矩下运行,从而大幅度地降低对驱动功率的需求。如果把油泵设计成为变量泵可以使整个系统的效率大为提高。

共轨系统的突出特点是:把喷射压力的产生与发动机转速及供油量分开,这样就有可能提高平均喷射压力;另一特点是喷油规律柔性可变,这对燃烧优化十分重要。

(5)单体泵系统 单体泵系统主要组件有整体插入式高压泵、快速作用的电磁阀、电控系统、较短的高压油管、喷油器总成。

单体泵一般作为整体部件装在柴油机的气缸体上,由配气凸轮轴上的喷射凸轮驱动。单体泵适用的压力可高达 160MPa。这样高的喷射压力与基于特性图谱的电子闭环控制联合使用,在油耗及排放方面均可获得实质性的降低,并能满足现行的及即将发布的法规的要求,还可有选择地停缸。图 1-6 所示为机械式单体泵燃油供给装置示意图。

柴油机供油系统由柴油箱、低压燃油输油管、输油泵、柴油滤清器、喷油泵、高压油管、喷油器、回油管和限压阀组成,如图 1-6 所示。

柴油箱储有经过沉淀和滤清的柴油。柴油从柴油箱被吸入输油泵并泵出,经柴油滤清器滤去杂质后,进入喷油泵。自喷油泵泵出的高压柴油经高压油管和喷油器喷入燃烧室。由于输油泵的供油量比喷油泵供油量大得多,过量的柴油便经回油管流回柴油箱。从柴油箱到喷油泵入口的这段油路中的油压是由输油泵建立的,而输油泵的出油压力一般为 4~5bar($1bar = 10^5 Pa$),故这段油路称为低压油路。从喷油泵到喷油器这段油路中的油压是喷油泵建立的,一般在 1000bar 以上,故称此段油路为高压油路。高压柴油通过喷油器呈雾状喷入燃烧室,与空气混合而形成可燃混合气。

表 1-1 所示为常见柴油喷射系统的特性和特征数据。

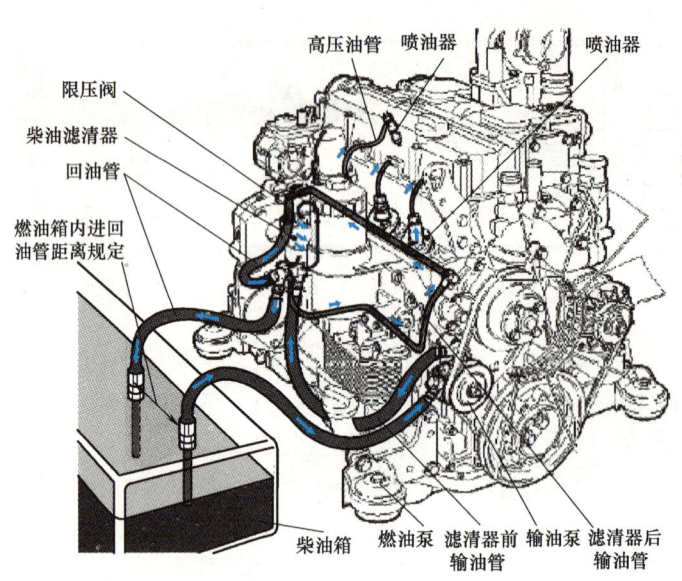

图 1-6　机械式单体泵燃油供给装置示意图

表 1-1　常见柴油喷射系统的特性和特征数据

| 喷射系统的结构类型 | 喷油器最大压力/MPa | 控制方式 | 发动机最大转速/(r/min) | 发动机每缸最大功率/kW |
|---|---|---|---|---|
| 直列泵 A 型 | 75 | 机械 | 2800 | 27 |
| 直列泵 P 型 | 120 | 机械或电子 | 2500 | 55 |
| 轴向柱塞分配式喷油泵 | 120 | 电子或电子机械 | 4200 | 25 |
| 径向柱塞分配式喷油泵 | 170 | 电子或带电磁阀 | 4500 | 50 |
| 泵喷嘴 | 160 | 电子或带电磁阀 | 3000 | 75 |
| 单体泵系统 | 160 | 电子或带电磁阀 | 2600 | 35 |
| 单体泵系统 | 180 | 电子或带电磁阀 | 2600 | 80 |
| 共轨系统 | 140 | 电子或带电磁阀 | 2800 | 200 |

## 2.2　柴油机燃油供给系统的高、低压油路的组成

柴油机燃油供给系统高、低压油路示意图如图 1-7 所示。

**1. 低压油路部分**

低压油路部分为高压油路部分供给足够的油量，主要零部件有油箱，低压回路的进、出油管，燃油滤清器，输油泵，高压泵的低压区。

（1）输油泵　输油泵的工作是向高压泵供给足够的燃油量。各种工作状态、不同的必要的压力下、整个工作寿命期都必须满足上述要求。

目前，有两种形式：一种是电子滚子式输油泵，是一种标准形式；另一种是机械齿轮驱动的输油泵。

齿轮式输油泵用来给高压油泵提供燃油，其主要零件是两个在旋转时相互啮合的反转齿轮，如图 1-8 所示。燃油被吸入泵体和齿轮之间的空腔内，并被输送到压力侧的出油口，旋转齿轮间的啮合线能保证良好的密封，能防止燃油回流。齿轮式输油泵的供油量与发动机转

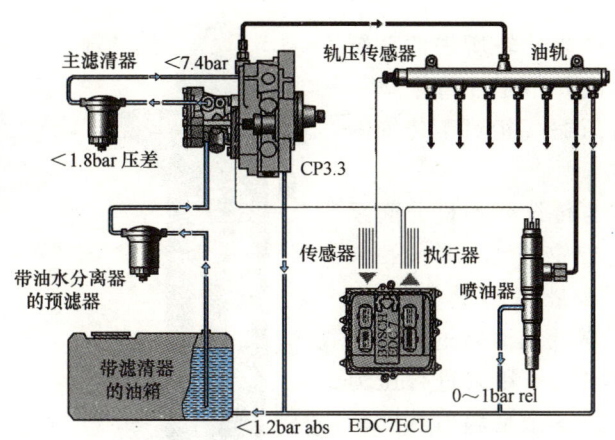

图 1-7 柴油机燃油供给系统高、低压油路示意图

速成比例，齿轮泵的供油量在进油口端的节流阀或者出油口端的溢流阀处受到限制。

齿轮式输油泵是免维护的。在第一次起动前或燃油箱内燃油被用尽时，起动前应排出燃油箱内的空气。当排出空气时，用手动泵压送柴油直到油路中没有空气为止。手动泵是和柴油滤清器做成一体的。

（2）燃油滤清器　燃油中若含有杂质，将导致燃油泵零部件、出油阀、喷油器的损坏，因此必须装用燃油滤清器。燃油滤清器必须符合喷射系统的特定要求，否则燃油供给系统正常运转和相关元件的使用寿命将无法得到保证。柴油中含有可溶性乳状液或者自由水（例如用于温度变化的冷却液），若这种水进入喷射系统，将会引起燃油系统元件的穴蚀。带有油水分离器的燃油滤清器可以除去柴油中的水分。在某些柴油机上，燃油箱和输油泵之间装设油水分离器。油水分离器由手压膜片泵、液面传感器、浮子、分离器壳体和分离器盖等组成。来自柴油箱的柴油经进油

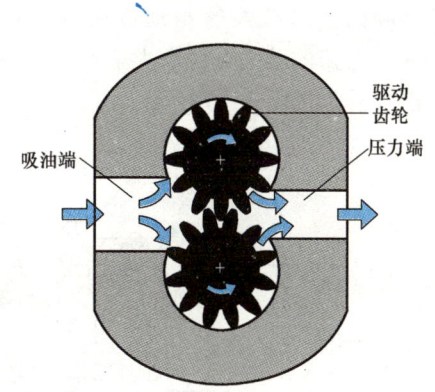

图 1-8 齿轮式输油泵结构示意图

口进入油水分离器，由出油口流出。柴油中的水分在油水分离器内从柴油中分离出来并沉积在壳体的底部。浮子随着积水的增多而上浮，当浮子到达规定的放水水位时，液面传感器将电路接通，仪表板上的警告灯发出放水信号，这时驾驶人应及时旋松放水塞放水。手压膜片泵供放水和排气时使用。燃油滤清器实物图如图 1-9a 所示，燃油滤清器结构示意图如图 1-9b 所示。

### 2. 高压油路部分

共轨系统的高压油路部分包括高压发生器（高压油泵）、压力蓄能器（共轨管）和燃油计量元件（电磁阀），主要的零部件有配有电磁阀的高压油泵、共轨管、共轨压力传感器、喷油器。

（1）高压油泵　高压油泵是高压回路和低压回路的分界面，在所有的工况下，它主要负责在车辆的整个使用寿命中供给足够的高压燃油，同时还要保证发动机迅速起动所需的

额外的供油量和压力要求。

高压油泵不断地产生共轨所需的系统压力。这就意味着燃油并不是在每个单一的喷射过程都必须被压缩（相对于传统的系统燃油）。

高压油泵安装在与传统柴油机分配泵相同的位置上，通过带轮法兰、带轮、齿带由发动机驱动，其最高转速不超过3000r/min。高压油泵靠低压油路过来的燃油润滑。高压油泵上安装有用来进行压力控制的电磁阀。燃油被3个呈辐射状安装互隔120°的泵油柱塞压缩，高压油泵每转1圈，有3次供油，峰值驱动转矩较低，高压油泵驱动系统保持较稳定的负荷。16N·m的转矩大概是驱动一个同等分配泵所需转矩的1/9，这就意味着共轨系统比传统的喷射系统在泵的驱动方面具有较小的负荷。所需的动力是随着共轨压力和泵的速度（供油量）成比例上升的。高压油泵结构示意图及外形如图1-10所示。

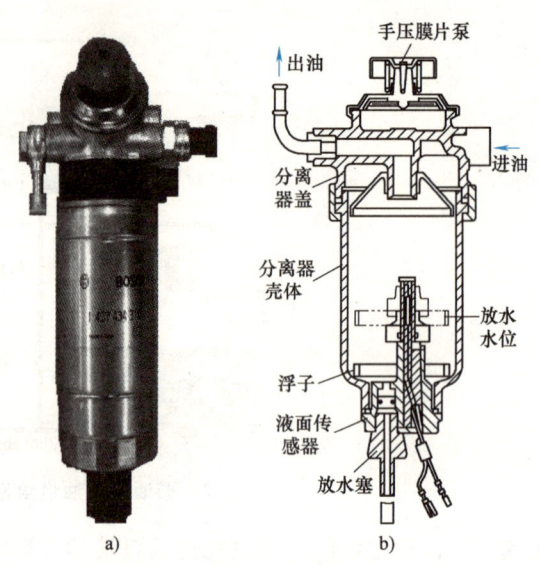

图1-9 燃油滤清器结构示意图
a）实物图 b）结构示意图

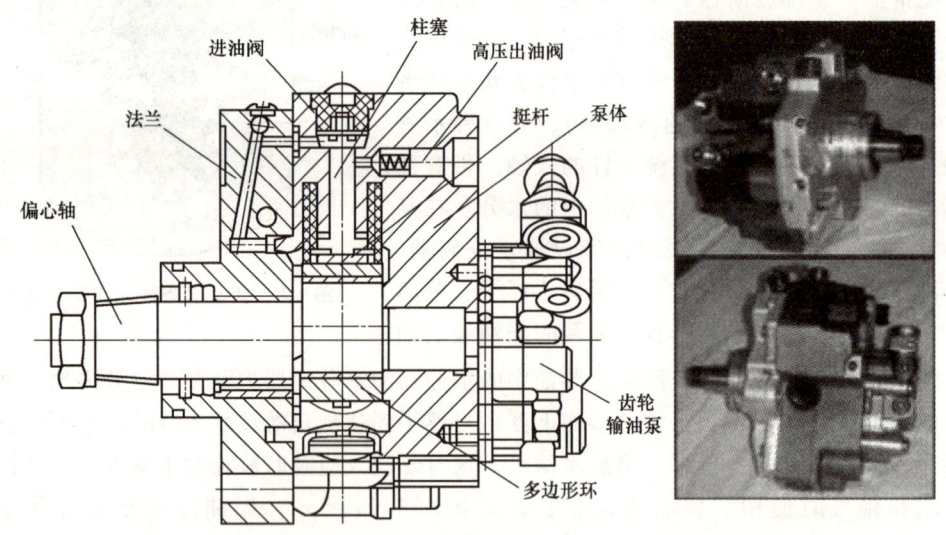

图1-10 高压油泵结构示意图及外形

输油泵将燃油从燃油箱泵出，经过带有油水分离装置的燃油滤清器到达高压油泵的进油口。输油泵使燃油经安全阀的节流孔，进入高压油泵的润滑和冷却回路。凸轮轴使3个泵的柱塞按照凸轮的外形上下运动。

当供油油压超过安全阀的开启压力、高压油泵的柱塞向下运动时（吸油行程），输油泵能使燃油经高压油泵进油阀进入柱塞腔。在高压油泵柱塞越过下止点后，进油阀关闭。这样，柱塞腔内的燃油被密封，它将以高于供油压力的油压被压缩，油压的升高一旦达到共轨的油压，出油阀被打开，被压缩的燃油进入高压循环。柱塞继续供给燃油，直至到达上止点（供油行程），压力减小，导致出油阀关闭，仍然在柱塞腔内的燃油压力下降，柱塞向下运动。只要柱塞腔内的压力降至低于输油泵的供油压力时，进油阀就会开启，吸油过程开始。

进油计量比例阀安装在高压油泵的第一级加压（齿轮泵）和第二级加压（柱塞泵）之间，以调整经第一级加压到第二级加压的燃油量，而阀的开启量由ECU控制。进油计量比例阀的结构如图1-11所示。

（2）共轨压力传感器　为了输出一个相对于给定压力的电压给ECU，共轨压力传感器必须测量共轨的燃油压力。压力传感器需保证足够的精度和响应速度。

共轨压力传感器由3部分构成：焊接在压力装置上的集成的传感器部件，装有电子检测回路的印刷电路板，装有电子插入式连线的传感器外壳。

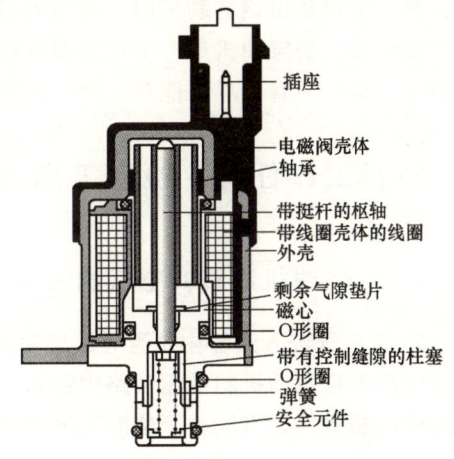

图1-11　进油计量比例阀的结构

- 燃油通过共轨上的一个小孔流向共轨压力传感器，它的尽头用传感器膜片密封。有压力的燃油通过一个不通孔到达传感器膜片。一个将压力信号转换为电信号的传感器部件（半导体装置）被安装在此膜片上，传感器产生的信号被输入一个用于放大拾取信号并将它送入ECU的检测回路。

（3）共轨管　共轨储存高压燃油。同时，由于高压油泵的供油和燃油喷射产生的高压振荡在共轨容积中衰减，这样保证在喷油器打开时刻，喷射压力维持定值。共轨同时起燃油分配器的作用。

共轨上装有用来测量供油压力的共轨压力传感器及流量限制器。

高压共轨管如图1-12所示。

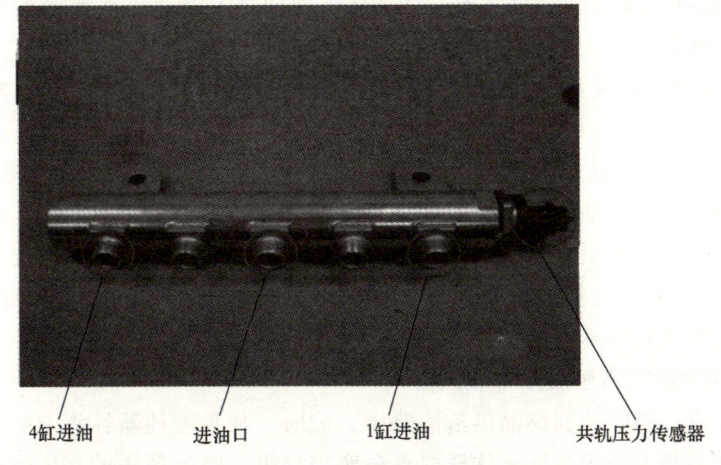

图1-12　高压共轨管

### 3. 高压油管

高压油管是连接共轨管和喷油器的通道，用来传送高压燃油。喷油瞬间，在高压油管内有时会发生高频压力波动，因此高压油管必须能够承受最高的系统压力和高压燃油的冲击作用。

高压油管是由钢管制成的，通常外径为 6mm，内径为 2.4mm。各气缸高压油管的长度应尽量相等，使柴油机每一个喷油器有相同的喷油压力，从而减小发动机各气缸之间喷油量的偏差。高压油管应尽可能短，使从共轨管到喷油器的压力损失最小。

## 3 执行工作任务、检查工作质量

### 3.1 柴油机油路有空气的诊断与分析

#### 1. 有空气进入油管中是否导致柴油发动机难以起动

柴油电控发动机的低压油路中吸入空气，高压油路中也可能吸入空气。空气具有很大的可压缩性和弹性。当油箱至柴油机输油泵段的油管存在漏点，产生漏气时，空气将会渗入到油管中，从而降低这段管路内的真空度，使油箱内燃油的吸力减弱，甚至还会发生断流的现象，从而导致发动机无法起动。在混入空气较少的情况下，油流仍可维持，并由输油泵送往喷油泵，但发动机可能会出现起动困难的现象，或者会出现发动机起动不久后就会自行熄火的情况。当油路中混入的空气稍微多一些时，就会导致数缸断油或者喷油量显著减少，使柴油机根本无法起动。

#### 2. 柴油电控发动机低压油路中吸入空气

低压油路中吸入空气的原因有：

1）油箱中的柴油用光，油箱盖的通气孔堵塞，箱内形成了真空，空气被吸入而进入发动机的低压油路中。

2）输油泵上的手动油泵与泵体之间的密封圈破裂或安装不正确，空气由此窜入到发动机的低压油路中。

3）手动油泵活塞或皮碗严重磨损，空气从手动油泵上部通过活塞或者皮碗与泵体之间的间隙进入低压油路中。

4）低压管路中油管接头密封垫圈不平、损坏或空心螺钉未拧紧，空气由此窜入低压油路中。

5）燃油供给系统的低压油管破裂，导致空气窜入。检查的方法是：将低压油管拆下，擦净接头，并用手指堵死油管一端，另一端用嘴抽气。如果油管没有破裂，油管内已基本形成真空而将舌尖吸住；如果总是吸不住舌尖，则说明油管已破裂，此时需要更换新的油管。

6）机械杂质使回油阀关闭不严，柴油通过回油阀排出，造成喷油泵油道内压力过低，喷油量减少，油路内有排不尽的空气。

#### 3. 柴油电控发动机高压油路中吸入空气

高压气体从喷油器回冲到燃油供给油路中，此时，如果喷油器针阀卡死在开启位置，同一缸出油阀密封不严，针阀与针阀体导向部分磨损严重，喷油器内的高压弹簧折断，喷油器挺杆与针阀的配合孔磨损，则气缸每工作一个循环后，高压空气便会进入燃油供给油路中。

高压空气进入供油系统中的原因是：柴油机在压缩冲程结束后，在活塞上止点前一定角度时，喷油器向气缸中喷入柴油，在喷油器开启瞬间，气缸中的气体与油路形成通路（通路中气体随时间变化的压力差），当喷油器质量不良时，气缸中的高压气体便会从喷孔密封锥面，经过喷油器偶件针阀处的间隙、喷油器体内的挺杆孔、喷油器的回油管进入柴油滤清器直到油路中，久而久之，就会产生柴油供给被气阻的故障。

对于回油管不直接与柴油滤清器相通的柴油机（以4115型柴油机为例），高压空气可能从喷油器的喷孔通过密封锥面，经喷油器体的进油孔、高压油管、出油阀与座的间隙进入喷油泵盖，并且能通过泵盖上的回油阀孔返回至输油泵。

检查喷油器是否泄漏的方法是：将喷油器总回油管从柴油滤清器上卸下，使之与大气相通，随后将柴油滤清器的回油管孔堵住，排尽油路中的空气，然后起动发动机，若喷油泵内不再出现气体，便可以断定是喷油器漏气。此时，应将各个喷油器的回油管接头全部拆下，进一步判定是哪个喷油器漏气；若某喷油器的回油孔漏气，便可以判定该喷油器有漏气的故障。

对于喷油器回油管不与柴油机滤清器相通的柴油机，则可以先排除油管中的空气，之后在柴油机运转的情况下逐个拧松喷油泵上的高压油管接头，若某个接头拧松后连续冒气，便可说明该缸喷油器漏气。

共轨排空气的方法是：拆开手动油泵的出油管，压动手动油泵直到无气，上紧油管，打开高压油管接头（任意一根）起动电动机直到出油。也可以不使用电动机，而用手动油泵排空气体，直到高压管出油，但所用时间较多。

### 4. 回油油路中总是有空气

在某些特定的条件下，柴油机的回油油路中总会存在大量的气体，即便是停机排除后，柴油机运转数分钟后，回油油路中又会出现大量的气体。这种现象往往会造成柴油机无法正常运转（基本现象是：柴油机动力不足，转速下降或自动熄火）。

出现上述故障的原因是：柴油机的喷油器中至少有一个喷油器针阀偶件存在磨损密封不严的现象，使燃烧气体反窜经过喷油器进入回油系统中，导致回油系统中有大量气体。

当此类现象出现后，如果喷油器的回油是直接回到燃油箱，对柴油机的运行的直接影响相对较小，但如果喷油器的回油是接到燃油粗滤清器上，则会对柴油机的运行造成严重的影响。因此，出现这种现象后，首先必须检测所有喷油器，并予以修复或更换针阀偶件。

为了彻底解决上述问题，建议将接到燃油粗滤清器上的喷油器回油管拆下，直接将其接到油箱中。

### 5. 查找管路中的漏点并堵漏

为了让车辆能够正常运转并且行驶，需要将漏点查找出来，并处理好。

柴油机的燃油供给系统有低压和高压油路之分。低压油路指从油箱至喷油泵低压腔这一段油路，高压油路指高压油泵中的柱塞腔至喷油器这一段油路。在柱塞泵的供给系统中，高压油路不会有空气渗入，有漏点存在只会导致燃油的泄漏，查找并堵住漏点即可。

柴油机燃油供给系统低压油路中大都采用软胶管，软胶管容易与零件产生摩擦，造成漏油和进气。低压油路漏点查找方法如下：

查找漏点的方法一：将油路中的空气排干净，将发动机发动后，找出漏柴油之处，即为漏点所在。

查找漏点的方法二：将发动机喷油泵放气螺钉松开，用手动油泵泵油，若发现放气螺钉处开始排出含大量气泡的油流，并且在反复手动泵油后，气泡仍不消失，即可以确定在燃油箱至输油泵段负压油路有漏点存在。应取下该管路，然后通入压力气体，并置于水中，找出冒泡之处，即为漏点所在。

除了管路的问题外，在管路接头处的各种垫圈也会因安装不当、变形、老化破损等产生漏气而成为漏气点，在该管路进行详查之前，应首先对这些节点进行检查。

在油箱外的一段硬质油管一般较少发生故障，在经过上述检查仍找不出漏点时，可以将其作为最后的检查方向。

**6. 排除油路中的空气**

（1）常规方法　用螺钉旋具或扳手拧开喷油泵两侧上端的任一放气螺钉数圈，用手连续压手动油泵直至排出柴油，且通畅无气泡，发出"吱吱"的声音为止。然后拧紧放气螺钉，将手动油泵压回原位，如图1-13所示。单体泵油路系统排气方法如图1-14所示。

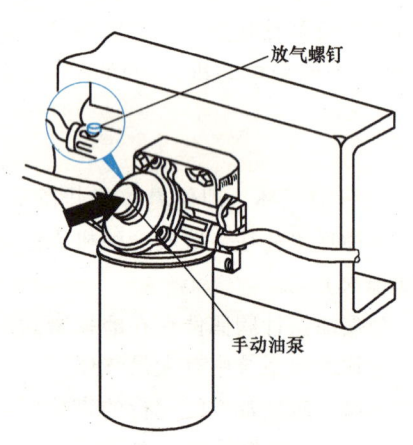

图1-13　手动油泵排空气

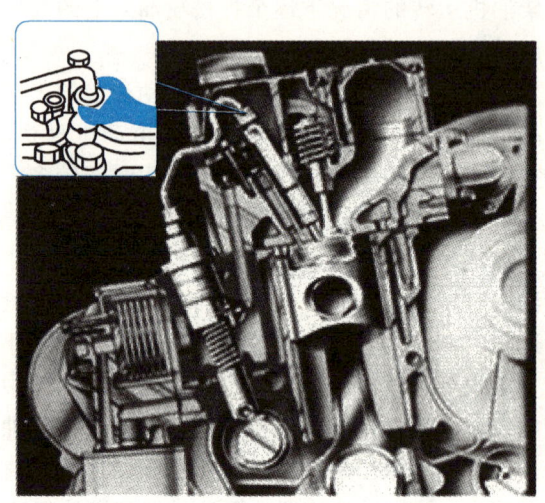

图1-14　单体泵油路系统排气方法

（2）非常规方法

1）在行车途中，若身边没有打开喷油泵上放气螺钉的合适螺钉旋具或扳手，可先拧开手动油泵，然后松开从柴油滤清器至喷油泵之间的任何一个管接头，然后反复压手动油泵至该接头中排出通畅无气泡的油流，然后一边压手动油泵一边紧固该接头，最后将手动油泵压回原位即可。

2）身边无松开管路接头的扳手时，可以通过反复按压手动油泵，至输油泵到喷油泵段间的低压油路油压足够高时，燃油从溢流阀中流入燃油回流管路中，油路中的气体就会从溢流阀中排出。

3）在旅途中，若需要排出油路中的空气时，可以先松开喷油泵上的放气螺钉或松开柴油滤清器与喷油泵之间的任意一个接头，然后起动驱动机械输油泵，漏点就会喷出无气泡的燃油，这时拧紧松开的上述漏点排尽空气就可以了。

## 3.2 低压油路检查与诊断

柴油机低压油路出现故障或高压油路出现故障都可能使发动机不能起动，下面以柴油机的低压油路为例来进行叙述。柴油机低压油路常见的故障有：①低压油路中有空气；②不供油；③供油不稳。

### 1. 低压油路中有空气

如果低压油路中存在漏气的现象，那么在柴油机熄火一段时间后，就可能有空气进入到低压油路中，造成柴油机起动困难。

低压油路中有空气的判断依据：

1）之前柴油机运转良好，发动机熄火并且过了一段时间后再次起动发动机，却出现了起动困难的故障，这时打开喷油泵的放气螺钉，通过手动泵油的方式来操作手动油泵，发现排出来的柴油中有气泡存在，直到排气结束后再次起动发动机，柴油机能够正常起动了（需要注意的是要与冷车起动困难区别开来）。如果遇到了这种情况，则可以说明输油泵的出油口经过柴油滤清器到柴油泵进口口路段的低压油路（包括喷油泵的低压油腔）存在漏气的情况。这主要是因为发动机工作时，该段油路的油压高于外界大气压力，就算油路中存在漏气点也只能漏油而空气不能进入油路中，此时柴油机能够运转正常。但是，当发动机熄火一段时间后，柴油从漏气点漏出，且手动油泵停止工作，使低压油路中的压力下降，最终造成空气进入到低压油路中，致使柴油机再次起动困难。

判断方法：用一根新的油管从输油泵出油口跨接到喷油泵的进油口上（中间跨过柴油滤清器），将空气排尽，此时起动柴油机进行观察。如果柴油机能够起动良好，则说明是这段低压油路存在故障；若柴油机仍然不能正常起动，则应对喷油泵柱塞套筒定位螺钉、放气螺钉或回油阀的垫圈进行检查、更换。

2）当柴油机出现运转不平稳且无规律，甚至自动熄火的现象时，则说明漏气点在油箱至输油泵进油口段的低压油路中。这是因为柴油机在工作时，输油泵是从燃油箱中吸油的，燃油箱至输油泵的进油口段的油压低于大气压力（为负压值），因此，只要这段油路中有极微小的漏气点存在，就会有空气进入低压油路之中，使油路中含有空气，造成柴油机的起动困难。

判断方法：柴油机自行熄火后，松开喷油泵放气螺钉，用手动油泵泵油，如果发现放气螺钉处开始排出含有大量气泡的柴油，并且在反复手动泵油后仍然无法使排出的柴油中不含有气泡，则说明油箱至输油泵进油口段的低压油路中存在着漏气点。此段油管的漏气点多发生在输油泵进油口油管的接头处，一般为铜环垫圈损坏或铜环垫圈安装不正、软胶油管在此处因老化或被钢丝网刺破而出现裂口等原因。

3）从燃油箱出来的一段硬油管和伸入油箱的那段吸管一般极少出现漏气的现象。如果上述1）、2）都没有查找到漏气点，则需要检查它们。为了确认是这段油管有故障，可以用一条长的塑料管取代这段硬油管向输油泵供油，观察漏气现象是否消失。如果漏气现象不消失，则最后的漏气点必然是在伸入油箱的吸油管上。

### 2. 不供油

喷油器不喷油而导致发动机不起动时，松开放气螺钉，用手动油泵泵油，此时放气螺钉处却没有柴油泵出来，则可以认定是低压油路有故障；如果有柴油从放气螺钉处流出，可以将输油泵螺塞松开,检查输油泵的弹簧是否折断或者活塞是否能滑动,如果正常,则说明故障不是发生在低压油路,而是由于喷油泵拉杆不在供油位置或者是柱塞的弹簧折断等故障造成的。

判断和检查方法:

1)通过仪表板上的燃油指示灯或燃油指示表查看燃油箱中是否还有柴油、通气孔是否畅通、燃油箱的开关是否已经完全打开,如果这些部件存在故障应该及时排除。

2)检查输油泵。检查输油泵的熔丝是否有断裂的现象,油泵继电器是否工作正常,如果有故障应及时排除故障。检查输油泵的电路是否正常,如果有故障要及时排除故障。松开输油泵螺塞,检查输油泵弹簧是否折断;检查止回阀是否被杂物垫起,弹簧是否折断,如果有故障应修复或更换。

3)检查低压油路有无堵塞和漏油现象。轻微松开输油泵的出油口油管接头螺钉,并用手动油泵泵油,如果输油泵的出油口没有燃油流出,则可以说明燃油箱至输油泵段油路有堵塞或漏油现象。此时,松开输油泵的进油口油管接头,检查粗滤清器是否有堵塞的情况;检查燃油箱开关及吸油管是否有堵塞的情况,如果两处都畅通,则检查此段油路是否有漏油的情况,若有故障应及时排除。

4)若以上检查都没有问题,则表明故障出现在输油泵至喷油泵油路段,一是细滤清器堵塞,二是限压阀(溢流阀)失效。检查方法:用手动油泵泵油,若向下压时费劲,则表明滤芯堵塞;如果反复泵油,但是都感觉到不轻松,则说明限压阀失效泄油。

**3. 供油不稳**

1)当发动机在工作中出现运转不平稳时,可将喷油泵的放气螺钉松开,用手动油泵进行泵油。如果此时放气螺钉处流出的油中含有气泡,说明低压油路中有漏气点存在,空气进入油路中,造成发动机运转出现不平稳的现象,甚至还会发生自动熄火的现象。

2)检查和判断方法。检查燃油箱的液面高度,如果油位过低,车辆行驶在不平道路上颠簸时,容易从吸油口处吸入空气。

① 检查输油泵进油口的油管接头、垫圈处密封是否良好。

② 检查燃油箱至输油泵段的油路是否有漏气的现象。

③ 检查手动油泵和输油泵体连接处是否紧密,输油泵壳体是否有裂纹等。

## 4 拓展任务

### 4.1 黄海 DD6111 型客车不能起动

(1)故障现象 一辆黄海 DD6111 型客车多次起动柴油机都不能将其起动,偶尔有"突突""突突"点火的迹象,但是最终还是不能起动。

(2)故障诊断与排除 柴油机不能起动的原因有多种,比如燃油内有空气、配气或供油初始角不对、输油管轻微堵塞、喷油泵有故障、外界温度过低、气缸漏气造成气缸压力不足等都有可能使柴油机不能起动或起动困难。

检修时,首先用手动油泵泵油并进行观察,若手动油泵泵油时其出油口处有气泡,说明低压油路中存在着漏气点。为了进一步确认漏气点的位置,将一根新的油管从输油泵出油口跨接到手动油泵处，再次手动泵油排空气，起动柴油机，若发动机能够正常起动了，说明这段低压油路中存在着漏气点。经维修后，柴油机能够正常起动，故障排除。

### 4.2 跃进 NJ061 型汽车行驶中自行熄火

（1）故障现象　一辆跃进 NJ061 型汽车装配的 495Q 型柴油机，在汽车行驶中出现自行熄火的现象。在柴油机将要熄火的时候，就算是踩下加速踏板也无济于事。用手动油泵泵油，排除喷油泵油腔中的空气后，才能够再一次起动发动机。但是每输一次油，汽车仅能够行驶近 4km 就自行熄火了。后来问题越来越严重，泵油起动后，没等到开车，柴油机就自行熄火了。

（2）故障诊断与排除　检修时，首先将输油泵前的一端低压油管拆下来，用一定压力的压缩空气吹气，油管畅通无阻，且没有发现有漏气的现象。为了消除疑虑，更换了一根新的低压油管，结果故障仍然存在。进一步检查后，更换了一个新的输油泵再试车，问题还是没有得到解决。之后，检查柴油滤清器盖子上的回油阀，发现回油阀的密封圈有损坏的情况。

考虑到回油阀的密封圈不良，易造成低压油路窜入空气的可能。更换一个新的回油阀密封圈，并排除油路中的空气后试车，结果柴油机怠速运转了大约 15min 后，发动机又自行熄火了。在此种情况下，干脆把柴油机的滤清器盖上的回油阀堵死，不让其回油。这样处理后再次试车，发现柴油机起动后运转了 35min，没有出现自行熄火的现象。但是考虑到回油阀在油路中有一定的回油作用，不能长久将其堵死。所以要继续查找故障所在，最后发现柴油机柴油滤清器的滤芯太脏，堵塞严重。换装了一只新的滤清器并使回油阀恢复正常的工作状态后再次试车，故障现象消失了，一切都恢复正常。

之所以会出现这种情况，是因为该辆柴油机车型的滤清器盖上设有进油接头、出油接头和回油阀接头。而回油阀的接头上安装有通向燃油箱的回油管，回油阀的开启压力是 80kPa，所以当进入到柴油滤清器的柴油压力超过了 80kPa 时回油阀就会开启，将多余的柴油回流到燃油箱内。回油阀设在柴油滤清器滤芯前的油腔内，所以当柴油的滤清器滤芯严重堵塞时，进入滤清器的柴油很容易就会超过 80kPa，回油阀也将开启，因此由输油泵送入柴油滤清器的柴油，其中大部分通过滤清器中的回油阀回流到了燃油箱内，只有少部分柴油经过滤清器送入到喷油泵中。由于供应喷油泵内的柴油满足不了柴油机的需求，因此会造成柴油机运转一段时间后自行熄火。

## 学习任务单 1

| 学校名称 | | 任课教师 | |
|---|---|---|---|
| 班级 | | 学生姓名 | |
| 学习任务 | 汽车散发出明显的燃油味的故障检修 | | |
| 学习情境 | | 学习时间 | |
| 工作任务 | | 学习地点 | |

（续）

| 课前预习 | |
|---|---|
| 课堂学习 | 1. 写出汽油机混合气的形成过程。<br><br>2. 写出柴油机混合气的形成过程。<br><br>3. 写出柴油机中柴油从燃油箱到喷油器的经过的部件。<br><br>4. 列出柴油机无法起动的故障原因。<br><br>5. 列出柴油机无法起动的相关诊断（针对油路）。 |
| 课后复习 | |
| 备注 | |

# 学习任务 2　柴油机在加速时冒黑烟的故障检修

## 任务目标

1) 掌握柴油机的基本原理。
2) 掌握柴油机的燃烧过程。
3) 掌握柴油机电控系统的结构和工作原理。
4) 掌握柴油机喷油器的结构和工作原理。
5) 掌握柴油机喷油器的维修方法。
6) 掌握柴油机在加速时冒黑烟的故障诊断与维修方法。

## 1　客户报修：电控柴油机在加速时冒黑烟

### 1.1　任务描述

一辆电控柴油机的小轿车，客户反映汽车怠速不稳、加速不良、加速时冒黑烟，要求排除这个故障。

### 1.2　工作流程

（1）预约　根据维修服务中心本身的作业容量定出具体作业时间，以保证作业效率，并均化每日的作业量。

（2）维修接待　填写接车问诊表（接车检查单）和签订维修施工单（任务委托书或维修委托任务书或维修合同）。

（3）维修作业　车间维修技术员根据维修工单（任务委托书或维修合同）的要求，按要求正确使用工具和维修资料，对所有车辆机械装置和车身各部件执行高质量的维修和保养，使车辆恢复出厂时的参数，达到质量要求，确保顾客满意。

（4）质量检验　车辆在车间维修完成后，经过维修技术人员严格的自检、班组组长复检和车间主管/质检技术员的终检，维修质量得到了很好保障。

（5）结账与交车　维修过程解释，结算单内容解释。

（6）跟踪回访　一方面能够掌握售后服务中心维修业务存在的不足，另一方面能够更好地了解顾客的期望和需求，接受顾客和社会监督，增强顾客的信任度。

### 1.3 资讯导读

要解决电控柴油机加速冒黑烟故障的问题，应该具备以下专业知识：电控柴油机基本结构、柴油机电控系统的结构和工作原理、柴油机电控系统的组成和分类、柴油机电控系统传感器的结构和工作原理等基本知识；还应具备一定的汽车服务接待能力、维修合作能力、语言沟通能力。本任务重点学习柴油机电控系统的基本组成、结构和工作原理，掌握喷油器的校正、功能测试、更换以及电控柴油机怠速不稳故障的诊断与维修方法。

## 2 信息收集

### 2.1 柴油机工作原理及特点

**1. 基本术语**

（1）上止点　上止点指活塞顶部离曲轴中心最远处。

（2）下止点　下止点指活塞顶部离曲轴中心最近处。

（3）缸径　缸径指发动机气缸的直径。

（4）行程　行程指上、下止点间的距离。

（5）工作容积　工作容积指活塞从上止点到下止点所扫过的容积。

（6）排量　排量指所有气缸工作容积之和。

（7）燃烧室容积　燃烧室容积指活塞在上止点时活塞顶上面空间的容积。

（8）气缸总容积　气缸总容积指活塞在下止点时，活塞上部空间的容积。气缸总容积等于工作容积与燃烧室容积之和。

（9）压缩比　压缩比指气缸总容积与燃烧室容积之比。

（10）曲柄半径　曲柄半径指连杆大头中心到曲轴中心的距离。

发动机的常用术语如图 2-1 所示。

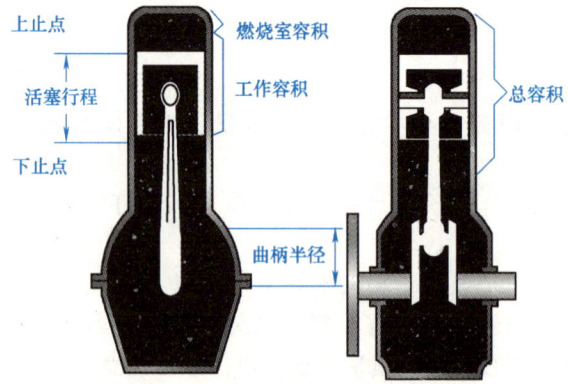

图 2-1　发动机的常用术语

**2. 柴油机的工作原理简述**

（1）进气行程　如图 2-2 所示，起动机通电带动曲轴旋转，曲轴的转动使活塞自上而下运动，这时，排气门关闭，进气门打开，新鲜空气进入气缸和燃烧室。

（2）<u>压缩行程</u>　如图2-3所示，活塞从下止点向上运动，这时，进气门和排气门均关闭，吸入气缸内的空气受到活塞的压缩，压力提高，温度也随之升高。

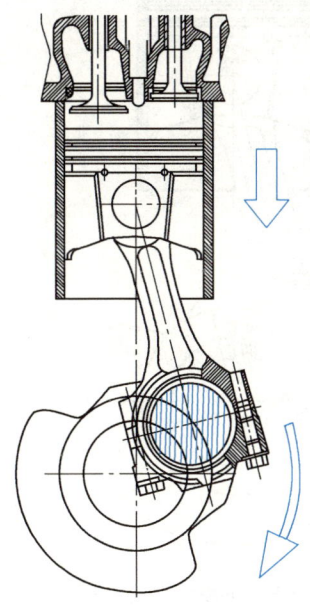

图2-2　柴油机进气行程

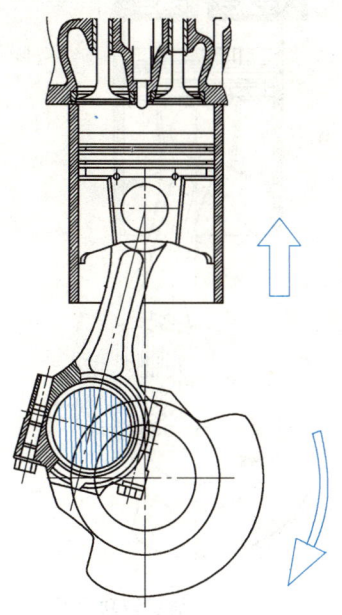

图2-3　柴油机压缩行程

（3）<u>做功行程</u>　如图2-4所示，当活塞压缩到上止点，喷油器向燃烧室喷入雾状柴油，油雾与压缩空气充分混合，形成高温高压的燃气，并开始自行着火燃烧，混合气膨胀做功，推动活塞向下运动，从而推动曲轴转动，对外输出功。

（4）<u>排气行程</u>　如图2-5所示，活塞从下止点往上运动，这时，进气门关闭，排气门打开，燃烧废气在活塞的推动下排出燃烧室，完成一个工作行程，这时曲轴转动两周。当柴油机完成排气行程后，在曲轴飞轮总成的惯性力作用下，又重复上述工作循环过程，使柴油机连续运转对外输出功率。

**3. 柴油机特点**

1）<u>功率大、经济性能好</u>。
2）<u>燃料是柴油，其黏度比汽油大，不易蒸发，而其自燃温度却较汽油低——安全</u>。
3）<u>混合气是压燃的，而不是点燃的——不需点火系统</u>。
4）<u>柴油机的可靠性要比汽油机的好——系统少</u>。
5）<u>柴油机压缩比很高，热效率和经济性都要好于汽油机</u>。
6）<u>工作压力大，要求各有关零件具有较高的结构强度和刚度，所以柴油机比较笨重，体积较大</u>。
7）<u>柴油机的喷油泵与喷油器制造精度要求高，所以成本较高</u>。
8）<u>工作粗暴，振动噪声大</u>。
9）<u>柴油不易蒸发，冬季冷车时起动困难</u>。

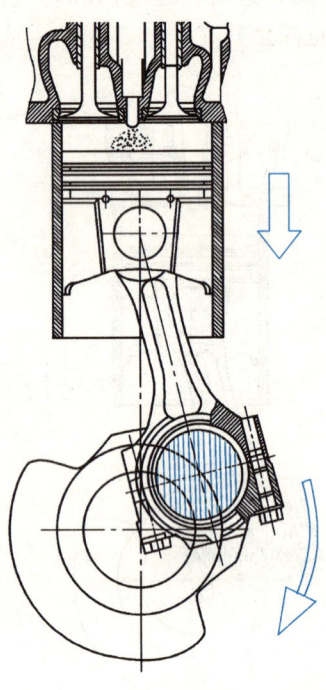

图 2-4 柴油机做功行程

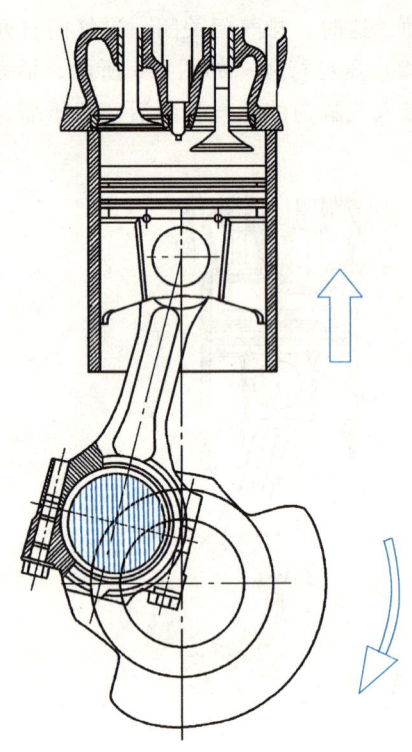

图 2-5 柴油机排气行程

## 2.2 柴油机的燃料特性

### 1. 柴油燃料

1) 柴油可根据馏分的轻重分为轻柴油（沸点范围约 180~370℃）和重柴油（沸点范围约 350~410℃）。

不同类型柴油机对柴油的要求：

① 转速在 1000r/min 以上的高速柴油机使用轻柴油；

② 转速在 500~1000r/min 的中速柴油机和转速低于 500r/min 的低速柴油机使用重柴油。

2) 柴油是将十六烷（自燃性好）与 α-甲基萘（自燃性差）按一定比例调配而成的混合物，其中十六烷含量的百分数称为十六烷值。汽车用的柴油十六烷值要求高于 50。

### 2. 柴油燃料特性

（1）发火性　发火性表示柴油的自燃能力，用十六烷值评定，十六烷值越大，发火性越好。但是十六烷值越高，柴油的燃烧性能越好，其凝点也较高，这样影响着火质量。

（2）蒸发性　蒸发性表示柴油蒸发汽化的能力，用馏程（馏出某一百分比的温度范围）和沸点表示。馏程：50%（300℃）、90%（355℃）、95%（365℃）馏出温度。沸点低适合寒冷气候，但十六烷值低，润滑性差，增加磨损。沸点高，碳烟产物增加和喷油器结焦。沸点一般在 350℃。

（3）闪点　闪点是指在一定试验条件下，当柴油蒸气与周围空气形成的混合气接近火焰时，开始出现闪火的温度。闪点低，蒸发性好。

（4）低温流动性　低温流动性用凝点和冷滤点评定。

（5）凝点　凝点是指柴油失去流动性，开始凝固时的温度。

（6）冷滤点　冷滤点是指在特定试验条件下，在 1min 内柴油开始不能流过滤清器 20mL 时的最高温度。

**3. 汽车用柴油的使用条件**

汽车用轻柴油按凝点分为以下 7 个牌号：10、5、0、-10、-20、-35、-50。

1）10 号轻柴油适用于有预热设备的柴油机。

2）5 号轻柴油适用于风险率为 10% 的最低气温在 8℃ 以上的地区使用。

3）0 号轻柴油适用于风险率为 10% 的最低气温在 4℃ 以上的地区使用。

4）-10 号轻柴油适用于风险率为 10% 的最低气温在 -5℃ 以上的地区使用。

5）-20 号轻柴油适用于风险率为 10% 的最低气温在 -14℃ 以上的地区使用。

6）-35 号轻柴油适用于风险率为 10% 的最低气温在 -29℃ 以上的地区使用。

7）-50 号轻柴油适用于风险率为 10% 的最低气温在 -44℃ 以上的地区使用。

## 2.3　柴油机燃烧过程

柴油机混合气的燃烧过程按压力温度变化分为 4 个阶段，如图 2-6 所示。

（1）备燃期　喷入气缸的燃料经过一系列的物理化学的变化过程，包括燃料的雾化、加热、蒸发，与空气混合等准备阶段，虽然时间比较短，但对于整个燃烧过程的影响很大。

（2）速燃期　燃料快速燃烧，气缸压力急剧增加。压力的升高速度决定了柴油机运转的平稳性，如果压力升高速度太大，则柴油机工作粗暴，运动零件受到很大负荷。为了保证平稳性，压力升高比不超过 0.4MPa/曲轴转角。

（3）缓燃期　在气体工作容积不断增加的时候开始，如果能够保持燃烧的快速性，才能使气缸内的压力保持不变或稍有上升。所以，只有在缓燃期加速空气混合，才能使燃料迅速燃烧。

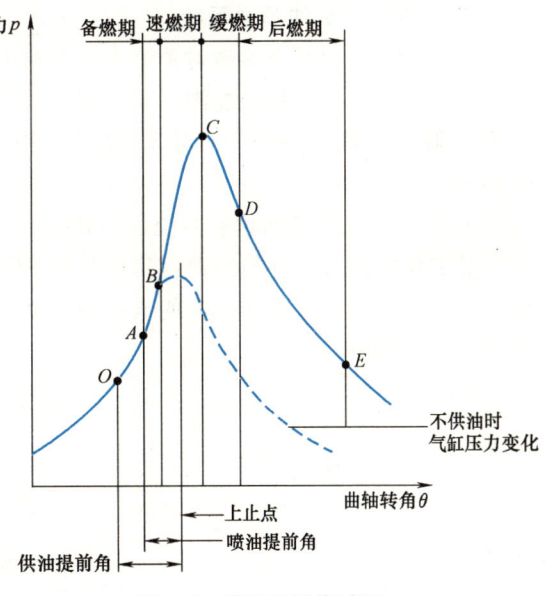

图 2-6　柴油机燃烧过程

（4）后燃期　后燃期的能量对发动机的做功作用不大，但增加零件的热负荷，燃烧情况不好，排放恶化。因此，尽量减少过后燃烧。

## 2.4　发动机工作示功图

在往复活塞式发动机的一个循环中，气缸内气体压力随活塞位移（或气缸内容积）而变化形成一条循环曲线。循环曲线所包围的面积可表示机器所做的功或所消耗的功，故称为示功图。柴油机的工作循环有进气、压缩、燃烧、膨胀和排气5个过程。图2-7所示为柴油机工作循环示功图。

（1）进气（$ra$曲线）　终了时刻气体状态，压力为80~95kPa；温度为30~75℃。

（2）压缩（$ac$曲线）　终了时刻气体状态，压力为3~6MPa；温度为480~680℃。

（3）燃烧（$c'zz$曲线）　终了时刻气体状态，压力为6~9MPa；温度为1800~2200℃。

（4）膨胀（$z'b$曲线）　终了时刻气体状态，压力为0.2~0.4MPa；温度为700~900℃。

（5）排气（$br$曲线）　终了时刻气体状态，压力为105~120kPa；温度为450~650℃。

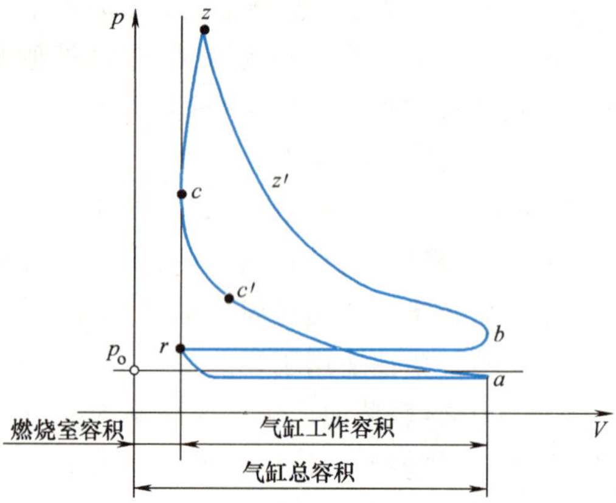

### 2.5　柴油机的电控燃油喷射系统

图2-7　柴油机工作循环示功图

柴油机的电控燃油喷射系统根据其产生高压燃油的机构不同可以分为：直列泵电控燃油喷射系统、分配泵电控燃油喷射系统、单体泵电控燃油喷射系统、泵喷嘴电控燃油喷射系统和高压共轨电控燃油喷射系统。

**1. 直列泵电控燃油喷射系统**

在电子控制直列泵燃油喷射系统中，由调速器执行机构控制调节齿杆的位置，从而控制供油量；由提前器执行机构控制发动机驱动轴和喷油器凸轮轴间的相位差，从而控制喷油时间。调速器执行机构和提前器执行机构是电子控制直列泵燃油喷射系统中的两个特殊机构。

（1）直列泵电控燃油喷射系统的组成和工作原理　图2-8所示为直列泵电控燃油喷射系统。其工作原理是：各传感器将信号传给ECU进行处理，与柴油机负荷和转速状态相适应的信号送到电子调速器和相应的电磁阀，使调速器和时间控制器进行相应的动作，从而调整喷油量和喷油时间。

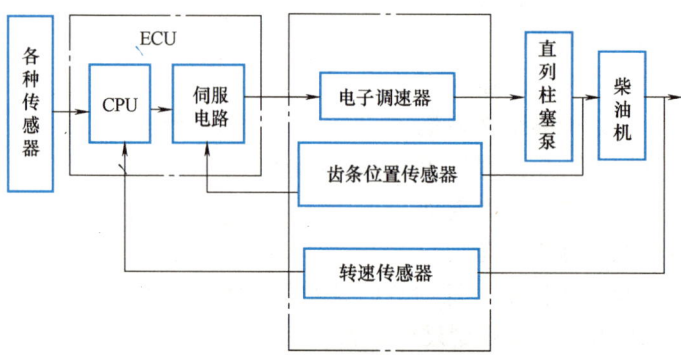

图2-8　直列泵电控燃油喷射系统

（2）燃油喷射量的控制　ECU发出信号使电子调速器进行相应的动作，来控制燃油的喷射量和喷射时间。电子调速器的两种类型为直流电动机型和螺线管型。

1）直流电动机型电子调速器。图2-9所示为直流电动机型电子调速器。

工作原理：对线圈通电时产生一个磁场，该磁场与永磁铁的磁场相互作用，使线圈和滑套向上或者向下移动，而滑套通过杠杆机构驱动直列柱塞泵油量调节拉杆左右移动来实现对喷油量的调节。

2）螺线管型电子调速器。图2-10所示为螺线管型电子调速器。

工作原理：当电流通过螺线管时，产生一个与通电占空比成正比的电磁力，该电磁力使电枢和油量调节拉杆或齿条移动，电磁力与油量调节拉杆（或齿条）回位弹簧力平衡，改变螺线管的通电占空比来调节油量调节拉杆（或齿条）的位置。

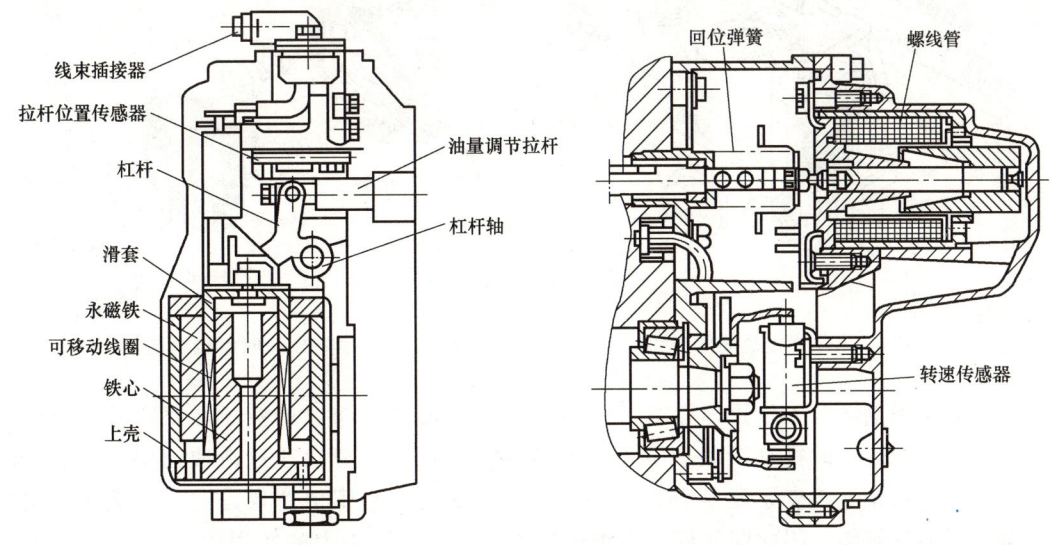

图2-9 直流电动机型电子调速器　　　图2-10 螺线管型电子调速器

（3）燃油喷射时间的控制　图2-11所示为供油正时控制系统图，包括正时控制器、电磁阀、柴油机转速传感器、正时传感器和ECU等。

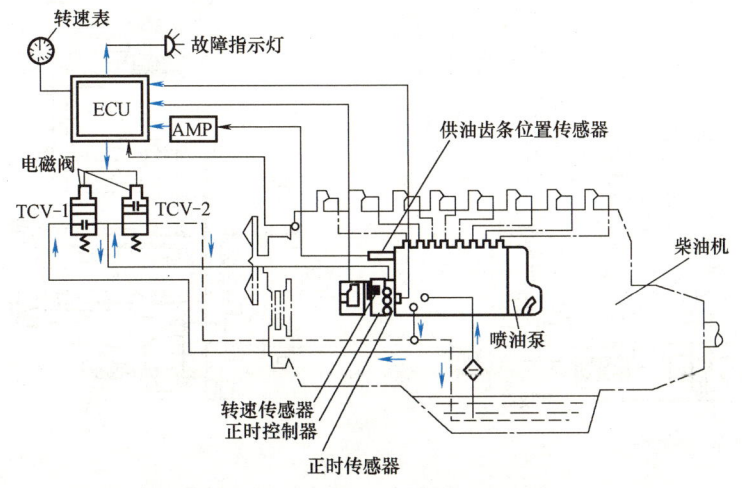

图2-11 供油正时控制系统图

传感器将测得的信号传给ECU，ECU对信号进行处理后，发出指令给执行器（电磁阀）动作，用从发动机机油泵来的机油使时间控制器动作，来进行燃油喷射时间的控制。双组式电磁阀的结构如图2-12所示，结构中有两个电磁阀分别用来控制进油和出油，发动机机油从P孔流入到电磁阀内，从A管流向时间控制器，一部分机油从回流孔返回到柴油机油底壳，其回流量根据控制中心的信号由电磁阀来控制。

时间控制器如图2-13所示，主要由缸筒、活塞、凸轮、法兰和圆盘等组成，通过来自电磁阀的机油进行提前角或滞后角的控制。

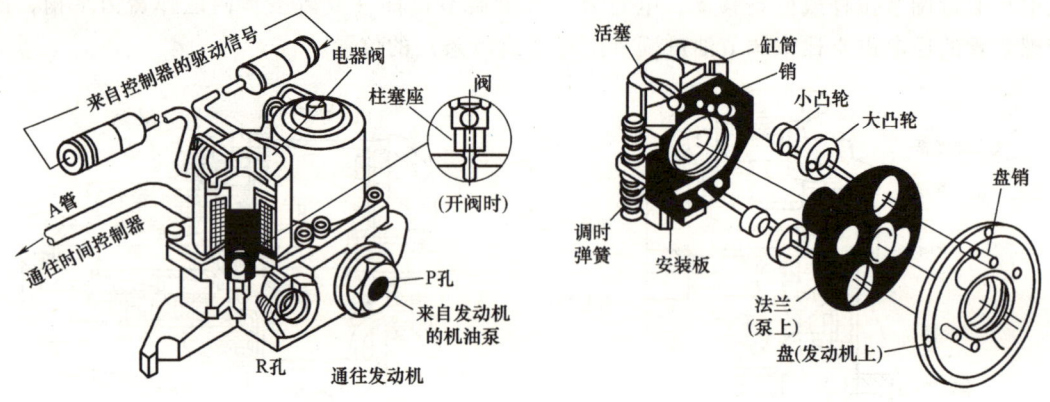

图2-12 双组式电磁阀的结构　　　　　图2-13 时间控制器

电控液压提前器的工作原理如图2-14所示。4个沿轴向布置的液压活塞在较低液压时就能运动。活塞运动时推动滑块以克服弹簧弹力向外运动，滑块通过滑块销使双偏心轮转动，双偏心轮的构造改变了驱动轴与凸轮轴之间的相位。由于活塞仅是通过斜面来推动滑块，并不是通过铰链，因此即使液压系统失灵了，滑块靠离心力的作用仍然可以向外运动，像机械式喷油提前器那样起作用。驱动轴通过驱动盘、滑块、滑块销、大小偏心轮驱动凸轮轴转动。正时推迟：进油通道关、回油通道开，液压腔内油压下降，回位弹簧使活塞右移，

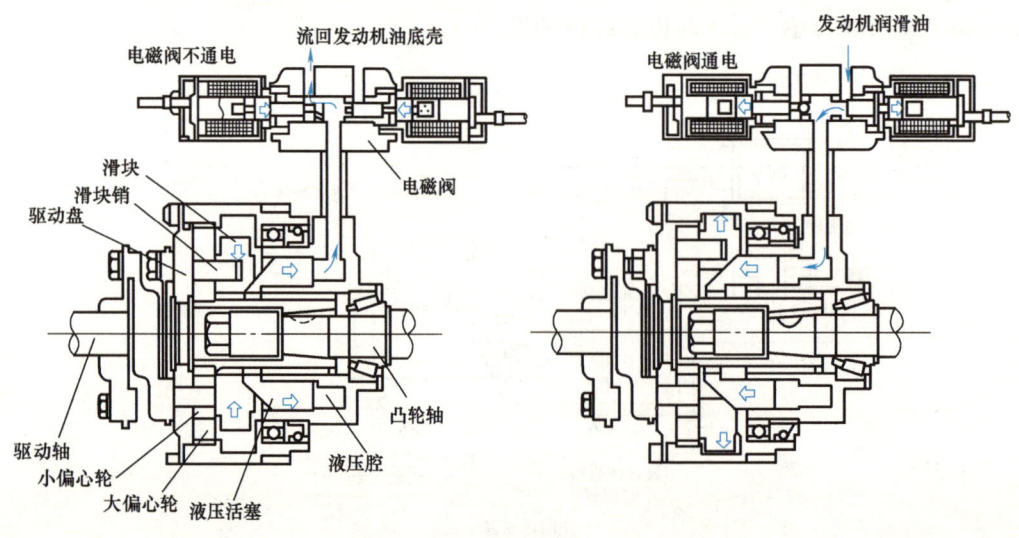

图2-14 电控液压提前器的工作原理

滑块和滑块销内移，安装在滑块销上的大小偏心轮转动，使凸轮轴相对驱动盘沿与转动相反的方向转过一定角度。

直列泵电控燃油喷射系统供油正时控制：ECU 主要根据柴油机转速和负荷信号确定基本供油提前角，再根据其他信号进行修正。同时，ECU 根据正时传感器信号判断实际的供油正时，并对供油正时进行闭环控制。正时控制器为电控液压式，可改变泵驱动轴与凸轮轴的相对位置。控制正时控制器的液压油路的电控元件为电磁阀型和步进电动机型。

**2. 分配泵电控燃油喷射系统**

（1）分配泵电控燃油喷射系统的组成　电控分配泵大多是在 VE 型分配泵的基础上实现电子控制的。其结构如图 2-15 所示。该系统可分为三大部分传感器、ECU 和执行器（见图 2-16）。

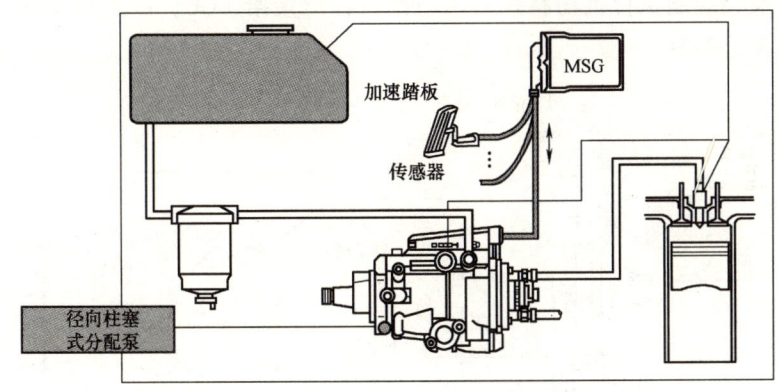

图 2-15　电控分配泵燃油喷射系统的结构

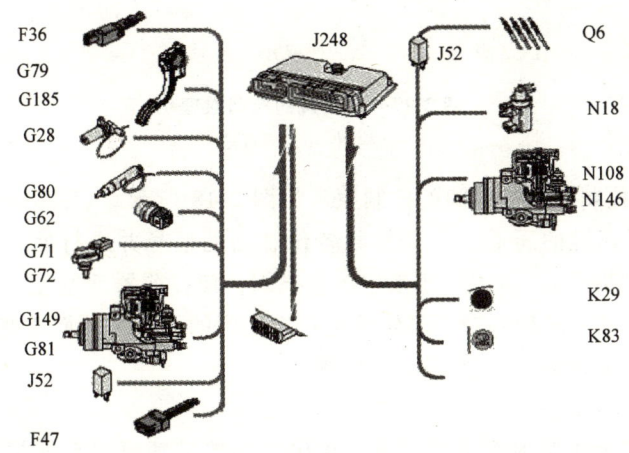

图 2-16　电控分配泵电控系统

柴油机的电控分配泵燃油喷射系统根据各传感器的信号检测出发动机的实际运作状况，由 ECU 来完成如下的控制：①喷油量的控制；②喷油时间的控制；③急速转速的控制；④故障诊断功能；⑤故障应急功能。

不同型号的柴油机，ECU 的具体控制功能不同。有些机型可以实现对上述的①、②、③三项控制，而有些机型只针对①、②项来进行控制。

电控分配泵燃油喷射系统按喷油量、喷油时间的控制方法不同分为位置控制式和时间控制式两种。

（2）位置控制式电控分配泵燃油喷射系统　位置控制式电控分配泵燃油喷射系统将原 VE 型分配泵中的机械调速装置换成了电子控制式的执行机构，其基本特点是保留了机械分配泵的溢油环，采用旋转式的电磁铁。因此位置控制式电控分配泵燃油喷射系统不再采用杠杆调速器。电磁铁中控制轴旋转改变了控制轴下端偏心球的位置，直接控制溢油环，控制喷油量。

1）喷油量的控制。喷油量的控制原理如图 2-17 所示。ECU 发出指令给线圈通电，使转子轴转动一定的角度，同时转子轴带动偏心钢球转动，使滑套和柱塞的相对位置发生变化，从而改变喷油量。ECU 根据发动机的运行工况计算出目标喷油量，将结果输出给执行器，同时还有反馈控制执行机构将执行的动作目标反馈给 ECU，以实现闭环控制，从而实现对喷油量的精确控制。

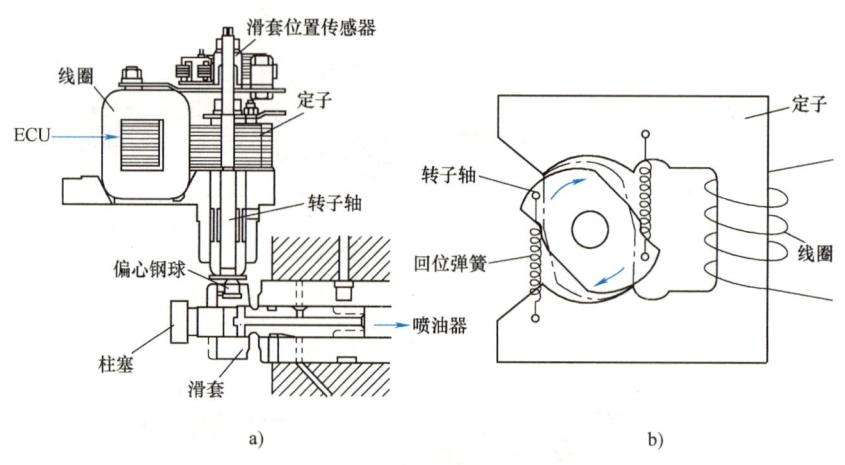

图 2-17　喷油量的控制原理
a）结构图　b）原理图

2）喷油时间的控制。喷油时间的控制原理如图 2-18 所示。VE 型分配泵的提前器活塞内有连通高压腔和低压腔的通道，ECU 接收各传感器的信号并进行处理，对电磁阀发出指令（控制电流大小的指令），按占空比来控制电磁阀，使提前器活塞左、右腔的油压差发生变化，提前器活塞带动滚轮架相对于滚轮发生一定角度的旋转，从而改变喷油时间。正时活塞位置传感器将信号反馈给 ECU 实现闭环控制。

### 3. 单体泵电控燃油喷射系统

（1）单体泵电控燃油喷射系统的组成　单体泵电控燃油喷射系统是在泵喷嘴的基础上衍生出来，除了压力较泵喷嘴稍低一点外，其他功能基本和泵喷嘴相近，在货车、客车等大功率的中、低速柴油机上应用较普遍。与泵喷嘴电控系统和共轨系统相比，单体泵电控燃油喷射系统具有成本低、性能可靠、使用寿命长、故障率低、维修方便等优点。

电控单体泵的结构如图 2-19 所示。每个缸均配装一个电控单体泵、一根标准长度的较短高压油管，因此避免了在高压油管中的油压压力波动，进而可以精确地控制喷射循环。电控单体泵燃油喷射系统如图 2-20 所示。

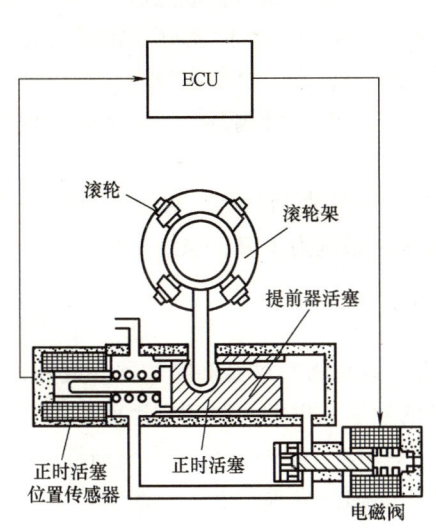

图 2-18 喷油时间的控制原理

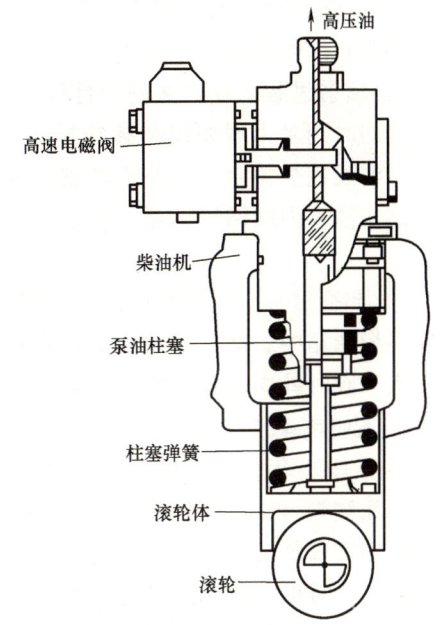

图 2-19 电控单体泵的结构

柴油经过一个低压输油泵加压，再经过单体泵加压，最高能够达到 200～250MPa 的高压。电磁阀控制其回油通道，电磁阀的关闭时刻即为单体泵供油的开始时刻，每次关闭的持续时间决定供油量。

（2）电控单体泵燃油喷射系统的工作原理　输油泵从燃油箱中将柴油泵出，其经过滤清器和油水分离器等装置，最后将柴油泵入到柱塞中，柱塞在油泵凸轮的驱动下在泵腔内使燃油建立很高的压力。在某一时刻 ECU 控制电磁阀工作，使燃油通过电磁阀进入高压油管内。当高压油路的

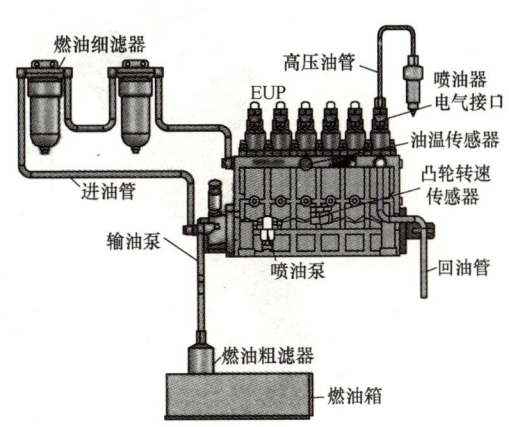

图 2-20 电控单体泵燃油喷射系统

油压压力大于喷油器的开启压力时，针阀开启，燃油进入到气缸内。电磁阀断电时，高压油管内的油压压力快速下降，针阀落座，喷油过程结束。

在整个燃油喷射系统中，高速电磁阀是喷射系统的关键部件之一，直接控制系统喷油量和喷油时间，一方面需要这种阀具有很快的开关速度和控制精度，另一方面要求其可以产生巨大的电磁力以保证油路通断的可靠性。油泵的驱动凸轮是系统的另一个关键部件，因为它是燃油产生高压的动力源，而更为重要的是凸轮型线对同样系统的供油规律有直接的影响。

（3）电控单体泵燃油喷射系统的工作过程　电控单体泵燃油喷射系统的工作过程可以分为以下 4 个阶段：

1）充油过程。当柱塞向下移动时，喷射系统内部的压力将低于低压油路的燃油压力，此时低压系统中的燃油将通过柱塞套上的进油口进入到高压喷射系统中。

2）旁通过程。当柱塞向上移动时，柱塞腔内的油压上升，只要电磁阀处于断电状态，此时柱塞腔内的油压与进油压力大体相同，燃油通过回油通路回到燃油箱内。

3）喷射过程。在柱塞供油行程中，电控系统ECU根据所采集到的各传感器信号在某一个特定的时刻发出喷油控制脉冲指令，通过驱动电路使电磁阀按占空比通电。在通电时段内，回油通道被关闭，柱塞腔形成一封闭容积，随着柱塞向上移动，燃油在封闭容积内被压缩，高压油道内的油压迅速上升。当油压高于喷油器开启压力时，针阀开启，燃油喷入到气缸内。

4）卸荷过程。当喷油脉冲指令终止时，电磁阀断电，回油通道接通，燃油从回油通道内回到燃油箱中，高压燃油经阀口向低压系统泄压，高压油路压力下降，当油压降低到不足以开启针阀时针阀落座，喷油结束。

**4. 泵喷嘴电控燃油喷射系统**

早在1905年，柴油机创始人就提出了泵喷嘴的概念，设想将喷油泵和喷油器合成一体，省去高压油管，获得高的喷油压力。随着近代电子技术的发展，电控泵喷嘴应运而生。

泵喷嘴安装在柴油机原普通喷油器的位置上（见图2-21），其外形与普通喷油器类似，由气缸盖上方的凸轮轴经摇臂使喷油器内柱塞下移而加压燃油。泵喷嘴的上半部为柱塞、柱塞套与柱塞弹簧等，喷油器的下半部为喷油器、调压弹簧及进、回油道。

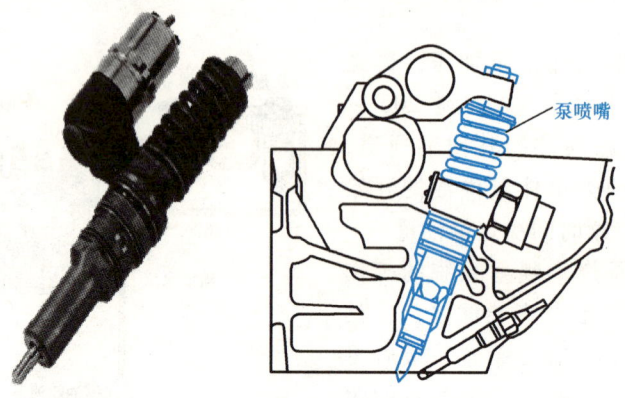

**图2-21 泵喷嘴的安装位置**

泵喷嘴系统的最大特点是喷油泵和喷油器做成一体，高压油管长度为零。泵喷嘴的结构如图2-22所示，由挺柱或摇臂驱动泵喷嘴内的柱塞使燃油加压，在柱塞腔内形成高压。ECU适时地发出脉冲信号，命令高速电磁线圈控制喷油的始点和终点，而脉冲信号的长短控制循环喷油量。

ECU通过程序MAP对泵喷嘴内部的高速电磁阀的动作进行闭环控制，只有当电磁阀关闭时，燃油才会喷射。因此，电磁阀的关闭点就决定了喷油始点，电磁阀再次打开之前所经过的时间长度决定喷油量。

（1）泵喷嘴的结构　泵喷嘴实际上由喷油泵、喷油器和电磁控制阀三部分组成，如图2-22所示。

（2）泵喷嘴的工作过程　电控泵喷嘴的工作原理如图2-23所示。

1）泵喷嘴进油过程。泵油柱塞在弹簧的作用下上移，高压腔容积增大。高速电磁阀处于初始开启状态，柴油进入高压腔。

2）泵喷嘴喷油过程。利用收缩活塞将喷射过程分为预喷射和主喷射两个阶段；利用缓冲活塞控制针阀上升时的升程变化，实现"先缓后急"的理想喷油规律。

① 预喷射过程。喷射凸轮驱动泵油柱塞下移。初期电磁阀仍未关闭，高压腔内的部分柴油被压回到进油管。ECU控制电磁阀通电，关闭高压腔到进油管的通道，高压腔内压力大于18MPa时，针阀承压锥面上承受的上升力高于喷油器弹簧力，针阀上升开启喷油孔，预喷射开始。

在预喷射过程中，缓冲活塞起到限制针阀上升速度的作用，借以实现理想喷油规律的"先缓"。针阀上升，针阀室内的柴油被压回弹簧室的过程中，缓冲活塞使泄油间隙逐渐减小，节流增大，针阀上升速度变缓。

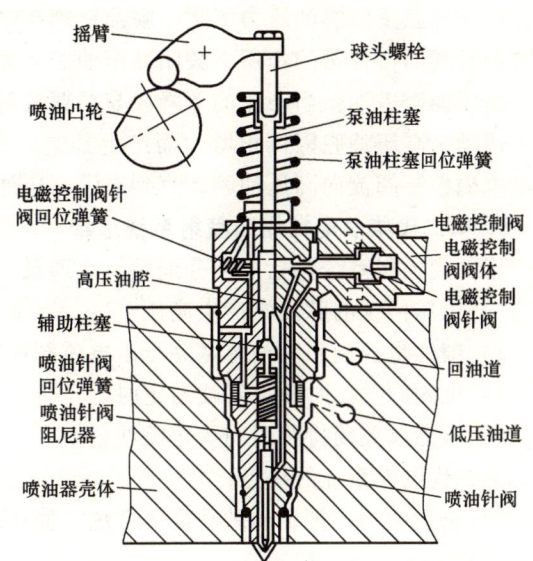

图 2-22 泵喷嘴的结构示意图

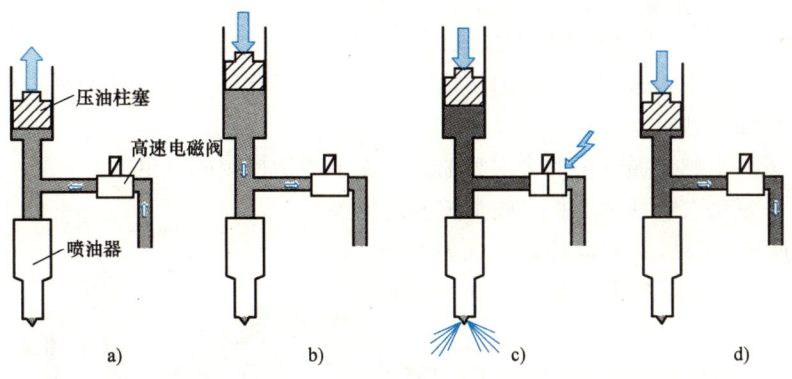

图 2-23 电控泵喷嘴的工作原理
a）进油过程 b）压油过程 c）喷油过程 d）停油过程

预喷射开始后，高压腔油压随着柱塞压油继续提高，达到一定压力时，收缩活塞瞬间下移，使高压腔油压瞬间下降，针阀关闭喷油孔，预喷射结束。预喷射后，由于收缩活塞的下移增加了喷油器弹簧的预紧力，使主喷射阶段时针阀开启所需的油压比预喷射过程高。

② 主喷油阶段。预喷射结束后，电磁阀仍然关闭，随着泵油柱塞继续压油，高压腔内油压重新上升。当油压上升到约30MPa时，针阀再次上升开启喷油孔，主喷射阶段开始。

在主喷射阶段中，最高喷油压力可达205MPa。

当ECU控制电磁阀开启时，高压腔柴油回流到进油管，压力迅速下降，喷油器弹簧迅速使针阀关闭喷油孔，同时收缩活塞和缓冲活塞也回到初始位置，主喷射阶段结束。

当电控系统停止向电磁控制阀供电时，电磁控制阀针阀在电磁控制针阀回位弹簧的作用下向右移动，接通高压油腔与低压油道。这时，高压油腔内的燃油经电磁控制阀流向低压油道，高压油腔里的燃油压力下降，喷油针阀在喷油针阀回位弹簧的作用下复位，辅助柱塞则在喷油针阀回位弹簧的作用下关闭高压油腔与喷油针阀回位弹簧之间的油道，主喷油结束。

高压油腔进油：当凸轮的下降段与摇臂接触时，泵油柱塞在泵油柱塞回位弹簧的作用下向上运动，高压油腔因体积增大而产生真空。这时，低压油道（与进油管相连接）内的燃油经电磁控制阀流向高压油腔，直到充满高压油腔为止，从而为下一次喷油做好准备。

**5. 第二代柴油电控燃油喷射系统总结**

第二代控制系统包括电控分配泵、直列泵、泵喷嘴和单体泵，其共有的控制特点如下：

1）依靠传统的脉动泵产生高压。
2）喷油量控制和喷油脉宽完全由电磁阀控制。
3）电磁阀关闭时刻决定喷射定时。
4）电磁阀关闭持续时间决定喷油量。

第二代电控系统的缺点：

1）仍然依赖于传统的脉动高压系统，使高压喷射的区间受到凸轮型线的限制，无法实现大范围的喷射定时控制。
2）喷射压力的大小只和凸轮型线以及发动机转速等结构参数有关，不能根据发动机的工况灵活调节。
3）无法实现灵活的预喷射和多次喷射。

**6. 高压共轨电控燃油喷射系统**

共轨系统是一个全新的燃油喷射系统，其最大的特点如下：

1）可以实现高压喷射与发动机的转速无关，燃油雾化质量高，从而促进燃油空气的混合，实现更完全的燃烧。
2）实现了一个燃烧循环中的多次喷油，提高了燃烧控制的自由度。
3）可以修正每次喷油量，提高喷油控制的精度。

图 2-24 所示为高压共轨电控燃油喷射系统的结构简图，构成共轨系统的有以下 3 个关键部件：

1）供油泵。供油泵提供共轨的高压（135～210MPa），博世公司的下个目标是 250MPa。
2）共轨（蓄能器）。共轨结构简单，但长期处于高压之下。
3）喷油器。喷油器的基本结构有电磁阀式和压电式两种。质量指标有两个：精确计量喷油量和多次喷油的能力。喷油器是共轨系统中技术难度最大的部件。

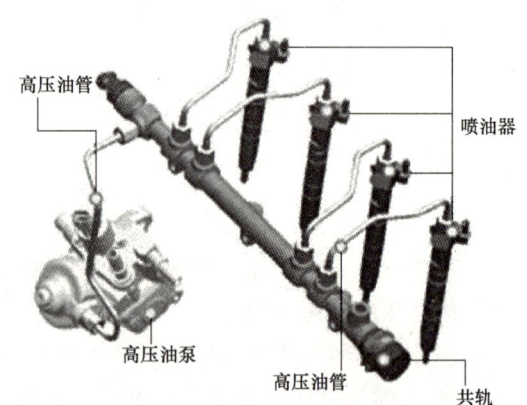

图 2-24 高压共轨电控燃油喷射系统的结构简图

共轨系统最主要的技术参数是喷油压力，其次是一个燃烧循环中最多可以喷油的次数，其中提高喷油压力和增加喷油次数的目的是不同的。在每一个工作循环中进行多次喷油，这在传统的喷油系统中是无法实现的。每次喷油的喷油量不同，而且每次喷油的用途也不相同。以 5 次喷油为例，每次喷油都有其特殊的目的和用途，功能分解如下：

1）先导喷油。降低噪声、削减 $NO_x$（氮氧化合物）。

2）预喷油和主喷油。得到理想动力性。

3）后喷油。削减 PM（颗粒物）排放。

4）远后喷油。达到排气后处理装置的工作条件等。

(1) 共轨式电控系统的类型

1）高压共轨系统。由高压输油泵（压力在120MPa以上）直接产生高压燃油输送至共轨中，一般采用"时间-压力控制"方式，又称为第一代共轨式电控燃油喷射系统。

2）中压共轨系统。由中压输油泵（10～13MPa）将中压燃油输送到共轨中，采用带有增压作用的喷油器使喷油压力达到120～150MPa。一般采用"压力控制"方式，也是第二代共轨式电控燃油喷射系统。

3）压电式共轨系统。高压共轨系统和中压共轨系统都属电磁阀式共轨系统。压电式共轨系统利用压电晶体作为执行元件，通过控制喷油器针阀的升程（或喷油开始与结束）来实现燃油喷射控制。压电式共轨系统被称为第三代共轨式电控燃油喷射系统。

(2) 共轨系统的控制方法　电控高压共轨式喷油系统的基本组成是供油泵、ECU、共轨和燃油箱。从功能方面分析，电控共轨系统可分为两大部分：

1）控制部分。电控共轨系统可分为三大部分：传感器、ECU和执行器。

ECU是电控共轨喷油系统的核心部分。

ECU根据各个传感器的信息进行计算完成各种处理后，求出最佳喷油时间和最适合的喷油量，并且计算出在什么时刻、在多长的时间范围向喷油器发出开启或关闭电磁阀的指令等，从而精确控制发动机的工作过程。

2）燃料供给系统。燃料供给系统的基本工作原理：供油泵将燃油加压成高压，供入共轨内；共轨实际上是一种燃油分配管。储存在共轨内的燃油在适当的时刻通过喷油器喷入发动机气缸内。电控共轨系统中的喷油器是一种由电磁阀控制的喷油阀，电磁阀的开启和关闭由ECU控制。

电控高压共轨系统框图如图2-25所示。在电控高压共轨系统中，由各种传感器（发动机转速传感器、油门开度传感器、各种温度压力传感器等）实时检测出发动机的实际运行状态，由微型处理器根据预先设计的计算程序进行计算后，定出适合该运行状态的喷油量、

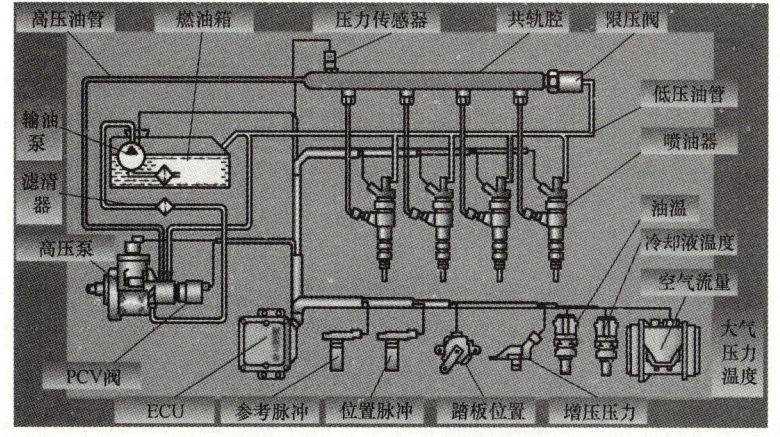

图2-25　电控高压共轨系统框图

喷油时间和喷油率模型等参数,使发动机始终都能在最佳状态下工作。

## 2.6 柴油机喷油器的结构与工作原理

喷油器是柴油机燃油系统中最关键和最复杂的部件,也是设计和制造工艺难度最大的部件,它的好坏直接影响柴油机的性能和工作稳定性。

### 1. 柴油机喷油器的功用、要求和结构形式

(1) 功用 将喷油泵供给的高压柴油以一定的压力呈雾状喷入燃烧室,以利于形成可燃混合气。

(2) 要求
1) 雾化均匀。
2) 喷射干脆利落。
3) 后滴现象。
4) 油束形状与方向适应燃烧室形式。

(3) 结构形式 现代柴油机广泛采用液压启阀式(又称为闭式)喷油器,喷油器结构形式很多,但彼此间的主要区别是在喷油器,喷油器的结构与燃烧室形状有关。闭式喷油器的形式很多,其基本类型有单孔式、多孔式、轴针式和冷却式喷油器,如图 2-26 所示。常见有以下分类:

1) 按喷孔数目不同,喷油器可分为多孔式和单孔式两种。

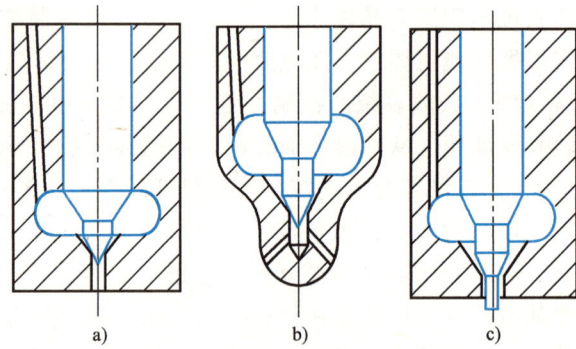

图 2-26 喷油器的结构形式
a) 单孔式 b) 多孔式 c) 轴针式

2) 按冷却方式不同分为冷却液冷却喷油器和燃油冷却喷油器。
3) 按控制方式不同分为机械控制和电子控制。
4) 按是否强制冷却分为冷却式和非冷却式。
5) 按调节弹簧位置分为弹簧上置式和弹簧下置式。

### 2. 各种基本类型喷油器的特点

(1) 单孔式喷油器 这种喷油器由于孔径大不易堵塞,喷出的油束穿透力强,雾化油粒较大。这种喷油器多用于采用分隔式燃烧室的小型柴油机。

(2) 多孔式喷油器 多孔式喷油器的孔径为 0.2~0.8mm,喷油压力为 17~22MPa;喷射压力较高,燃油的雾化油粒匀细,分布较均匀,质量很好;因孔径较小,喷孔容易堵塞;主要用于对喷油压力要求较高的燃烧室,如直接喷射式燃烧室。

(3) 轴针式喷油器 轴针式喷油器的孔径为 1~3mm,喷油压力为 12~14MPa;喷出的油束成空心柱状或空心锥状,由于孔径较大,并且喷油器工作时轴针在孔内做上下移动,有利于清除喷孔内形成,这种喷油器不易产生积炭堵塞等故障;主要用于对喷油压力要求较低的燃烧室,如分隔式燃烧室。

(4) 冷却式喷油器 对于强化程度较高的中、低速柴油机,大都采用冷却式喷油器。这种喷油器在针阀体内部布置有冷却液流道用以冷却,也称为内部冷却。冷却液通常采用淡水或柴油。淡水导热系数大,冷却效果好。

使用淡水冷却的喷油器冷却系统是一个单独设立的冷却系统，称为喷油器冷却系统。图2-27所示为内部冷却器喷油器结构图。

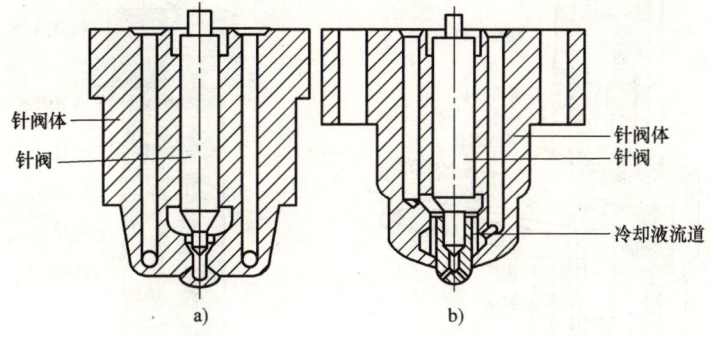

图 2-27 内部冷却器喷油器结构图

### 3. 车用喷油器的工作原理

（1）孔式喷油器的结构和工作原理

1）适用。孔式喷油器适用于统一式燃烧室。

2）特点。

① 喷孔的位置和方向与燃烧室形状相适应，以保证油雾直接喷射在球形燃烧室壁上。

② 喷射压力较高。

③ 喷油头细长，喷孔小，加工精度高。

3）结构。喷油器由针阀和针阀体构成。喷油器有长型和短型两种结构形式。前者将喷油器加长，针阀的导向部分远离燃烧室，以减少针阀受热及变形，从而避免针阀卡死在针阀体内。另外，由于细长杆有很好的弹性，在微小变形的情况下仍能保证针阀的密封性，所以长型喷油器多用于热负荷较高的柴油机上。

① 承压锥面：承受高压油腔中油压的作用，使针阀产生向上的轴向推力，克服调压弹簧的预紧力及针阀与针阀体间的摩擦力，使喷油器实现喷油。

② 密封锥面：与针阀体内的密封锥面配合，以实现喷油器内腔的密封。

③ 喷孔：喷油器有一个或多个喷孔。有一个喷孔的称为单孔喷油器，有两个喷孔的称为双孔喷油器，有三个以上喷孔的称为多孔喷油器。一般喷孔数目为1~8个，喷孔直径为0.2~0.5mm。喷孔数和喷孔角度依据燃烧室形状、大小及空气涡流情况而定。喷孔直径不宜过小，否则既不易加工，又在使用中容易被积炭堵塞。

④ 调压装置：调压弹簧的预紧力通过顶杆作用在针阀上，将针阀压紧在针阀体内的密封锥面上，使喷油器关闭。调压弹簧的预紧力由调压螺钉调节。

4）工作原理。来自喷油泵的高压柴油通过高压油管送到喷油器，经进油管接头、喷油器滤芯以及喷油器体和针阀体内的油道进入喷油器内的压力室。油压作用在针阀的承压锥面上，产生向上的推力。当此推力超过调压弹簧的预紧力时，针阀升起并将喷孔打开，高压柴油经喷孔喷入燃烧室。当喷油泵停止供油时，喷油器压力室内的油压迅速下降，针阀在调压弹簧的作用下迅速落座，将喷孔关闭，终止喷油。孔式喷油器的结构如图2-28所示。

（2）轴针式喷油器的结构和工作原理

1）适用。轴针式喷油器适用于对喷雾要求不高的涡流室式燃烧室和预燃室式燃烧

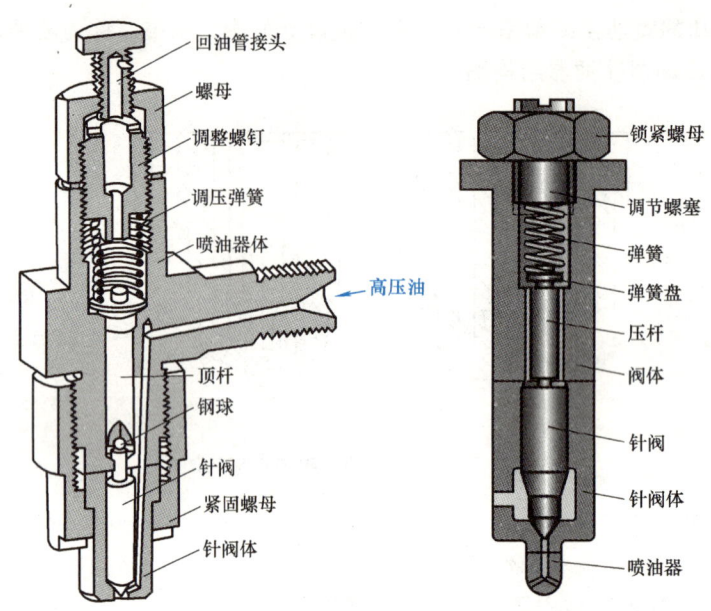

图 2-28 孔式喷油器的结构

室——分隔式燃烧室。

2）特点。常有一个喷孔，直径较大，轴针上下运动，喷孔不易积炭，且能自除积炭。

3）轴针式喷油器的结构类型。

① 普通型：轴针较短，即节流升程较小，当轴针上升到其下端面完全离开针阀体上喷孔时，喷孔截面迅速增大，喷油速率迅速增大。由于喷油速率突然增大，易使柴油机工作粗暴。

② 节流型：与普通型相比，节流型喷油器的轴针较长（形状不是圆柱体，可为阶梯状或倒锥体），节流升程较大，在喷油过程中轴针始终不会离开针阀体的喷孔，喷油初期的喷油速率较小，从而可以减缓燃烧过程初期气缸压力的增长，有利于降低柴油机最大爆发压力和压力升高率，从而使柴油机工作比较柔和，对降低柴油机燃烧噪声有利。

③ 分流型：分流型喷油器除主喷孔外，还在针阀体的密封锥面上加工有分流孔，孔径一般为 0.2mm，孔中心线与针阀体轴线成 30°。当柴油机起动时，由于转速很低，喷油泵供油压力较小，因此喷油器的针阀升程较小，这时大部分柴油经分流孔逆气流方向喷到涡流室中心。因为逆气流喷射，燃油雾化好，加上涡流室中心的温度比较高，所以柴油容易着火燃烧，使柴油机在低温下顺利起动。当柴油机起动后，在正常转速下工作时，针阀升程较大，大部分柴油从主喷孔顺气流方向喷入涡流室。轴针式喷油器的结构如图 2-29 所示。

4）工作原理。轴针式喷油器的工作原理与孔式喷油器相同，如图 2-30 所示。

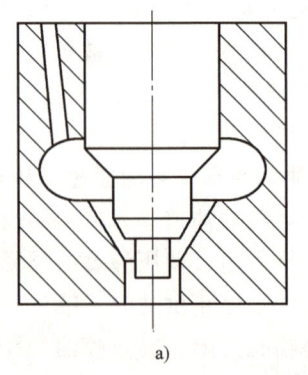 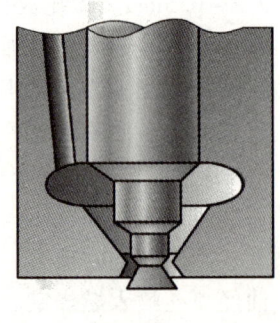

图 2-29 轴针式喷油器的结构

a）普通型　b）节流型

轴针式喷油器的喷孔直径一般为1~3mm，喷油压力较低，一般为12~14MPa。特点是：

① 不喷油时针阀关闭喷孔，使高压油腔与燃烧室隔开，燃烧气体不致冲入油腔内引起积炭堵塞。

② 喷孔直径较大，便于加工且不易堵塞。

③ 针阀在油压达到一定压力时开启，供油停止时，在弹簧作用下立即关闭，因此，喷油开始和停止都干脆利落，没有滴油现象。

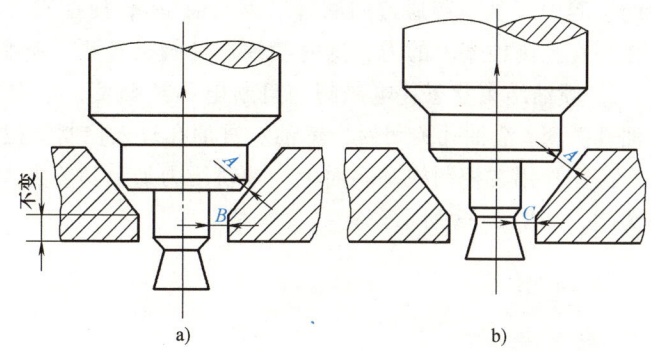

图2-30 节流型轴针式喷油器的工作原理
a）升程较小时　b）升程较大时
A—密封锥面处的节流断面　B—喷油初期的节流断面
C—喷油中期的节流断面（主喷期）

④ 不能满足对喷油质量有特殊要求的燃烧室的需要。

（3）电控电磁阀式喷油器的结构和工作原理

1）适用。电控电磁阀式喷油器适用于电控高压共轨柴油机。

2）特点。

① 对喷油定时的控制精度高（高于0.50CA），反应速度快。

② 对喷油量的控制精确、灵活、快速，喷油量可随意调节，可实现预喷射和后喷射，改变喷油规律。

③ 喷油压力高（电控高压共轨喷油系统高达160MPa），不受发动机转速影响，优化了燃烧过程。

④ 可靠性好，适用性强，可以在新老发动机上应用。

3）作用。电控电磁阀式喷油器是共轨柴油喷射系统的核心部件，其作用是根据ECU发出的控制信号，通过控制电磁阀的开启和关闭，将高压油轨中的燃油以最佳的喷油定时、喷油量和喷油率（喷油规律）喷入燃烧室。

4）结构。电控电磁阀式喷油器的结构如图2-31所示。

5）工作原理。

① 初始状态。当喷油器电磁阀未被触发时，小弹簧将电驱的球阀压向释放控制孔上，在控制腔内形成共轨高压；同样，喷油器腔内也形成共轨高压，共轨压力对控制柱塞端面的压力和喷油器弹簧的压力与高压燃油作用在针阀锥面上的开启力相平衡，使针阀保持关闭状态。

② 喷油开始状态。当电磁阀被触发时，电驱将泄油口打开，燃油从阀控制室中流到上

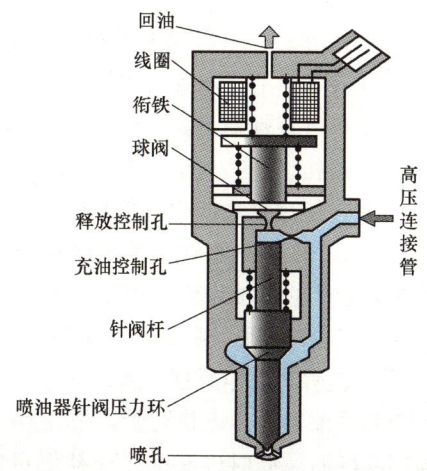

图2-31 电控电磁阀式喷油器的结构
（初始状态）

方的空腔中（从空腔通过回油管道返回油箱），使控制室压力降低；控制室压力降低，减少了作用在控制柱塞上的力，这时喷油器针阀被打开，喷油器开始喷油，如图 2-32 所示。

③ 喷油结束状态：电磁阀一旦断电不被触发，小弹簧力会使电磁阀电驱下压，球阀将泄油孔关闭；泄油孔关闭后，燃油从进油孔进入控制室建立起油压（这个压力为油轨压力），这个高压作用在控制柱塞端面上，油轨压力加上弹簧力大于针阀锥面上的压力，使喷油器针阀关闭，如图 2-33 所示。

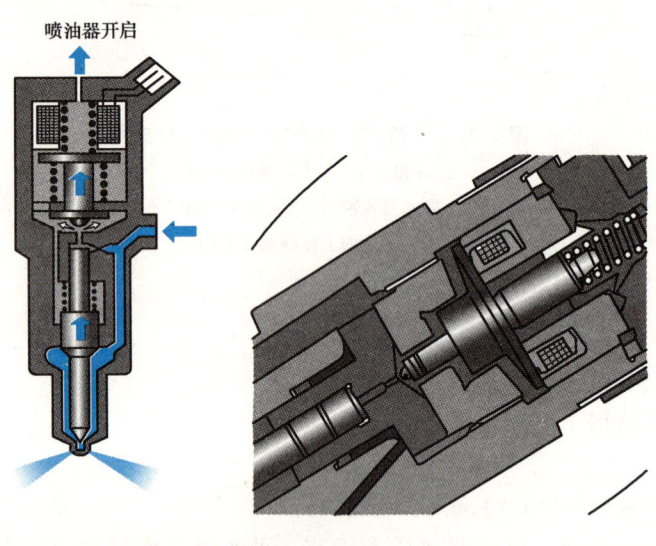 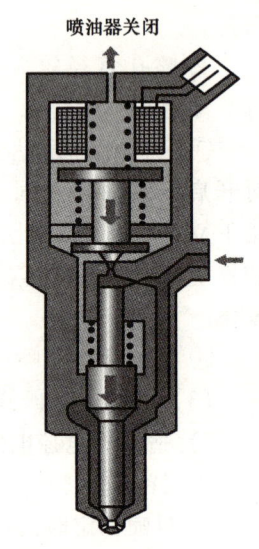

图 2-32　喷油开始状态　　　　图 2-33　喷油结束状态

（4）电控压电式喷油器的结构和工作原理　电控压电式喷油器的结构如图 2-34 所示。

1) 适用。电控压电式喷油器适用于电控高压共轨柴油机系统。

2) 特点。

① 压电执行器实际上无滞后时间。

② 开、关非常迅速而且精确。

③ 可重复性非常好。

④ 结构设计造成诸如间隙之类的误差。

⑤ 在使用寿命期内性能稳定。

3) 作用。根据 ECU 发出的控制信号，通过控制电磁阀的开启和关闭，将高压油轨中的燃油以最佳的喷油定时、喷油量和喷油率（喷油规律）喷入气缸燃烧。

4) 工作原理。喷油器针阀由一个伺服阀控制，喷油量则由其控制持续期决定。以图 2-35 所示说明其工作原理。实现压电式喷油器功能的主要组件是压电执行器、液压接杆、伺服阀和喷油器。压电执行器在非工作状态时处于原始位置，伺服阀关闭。高压范围和低压范围相互隔断。此时，液压接杆补偿可能存在（例如由于热膨胀所引起的）间隙，喷油器借助紧接着控制室的共轨压力保持关闭状态。压电执行器起作用时将伺服阀打开，从而使控制室中的压力降低，喷油器开启。若伺服阀关闭，控制室中的压力随之增大，喷油器针阀也随之关闭。

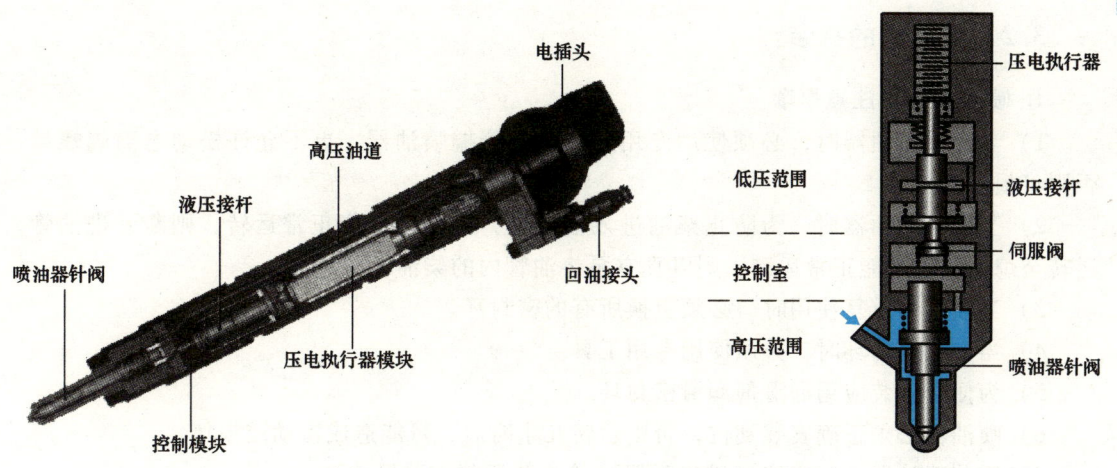

图 2-34　电控压电式喷油器的结构　　　　图 2-35　压电共轨喷油器的工作原理

这种压电喷油器被设计成没有机械力通过推杆作用在喷油器针阀上,因此运动质量和摩擦大大降低,并且喷油器的稳定性和喷油误差比通常的电磁阀控制喷油系统明显改善。伺服阀与喷油器针阀的紧密连接使得针阀对压电执行器的动作能直接做出迅速的反应,控制始点与喷油始点之间的延迟时间总共约 150μs,这样就能获得高的针阀速度和重复性较好的最小喷油量。同时,这种压电喷油系统还能实现很短的喷射间隔。图 2-36 示范性地示出了每循环 5 次喷射的实例,其喷射次数和时刻能与发动机工况相匹配。

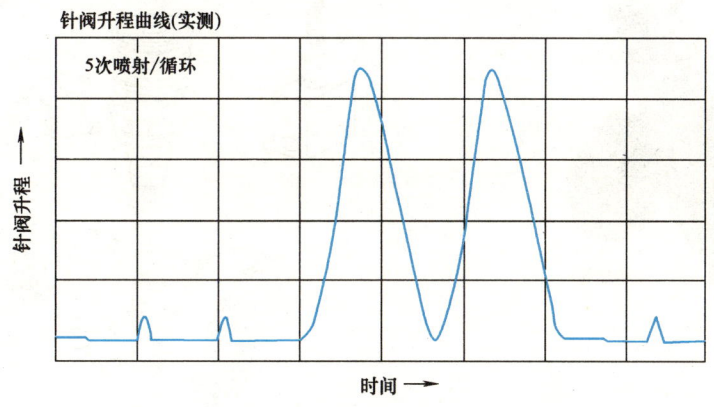

图 2-36　压电喷油器柔性控制实例每循环 5 次喷射示意图

从功能和可靠性观点出发,压电共轨喷油系统对高压零件清洁度的要求比通常行程控制的喷油系统更高。

## 3　执行工作任务、检查工作质量

### 3.1　任务背景

一辆行驶 9 万 km 的宝来 1.9TDI（图 2-37）柴油汽车出现怠速不稳,发动机抖动厉害的现象。经检测,发现是喷油器故障导致油压不稳定。

### 3.2 喷油器的拆装

**1. 喷油器拆装注意事项**

1）当拆卸喷油器时，必须使用专用工具，不能撬喷油器，更不允许松动电磁阀螺母，否则将损坏电磁阀。

2）当拆装喷油器时，为防止柴油进入油底壳，若发动机能正常运转，则断开进油管，运转至熄火；若不能正常运转，则以真空泵将油管内的柴油吸净。

3）当喷油器重复使用时，必须更换所有的密封环。

4）当安装密封环时，必须使用专用工具。

5）为便于安装应用润滑剂润滑密封环。

6）喷油器必须正确安装到位，否则运转几小时后，可能造成松动或损坏。

7）安装喷油器后，应按《维修手册》检查并调整安装尺寸。

8）新喷油器内是空的，应先重新起动发动机大约 30~90s，使系统自动排气。

安装原喷油器，则必须更换隔热垫和 O 形密封环，如图 2-38 所示。

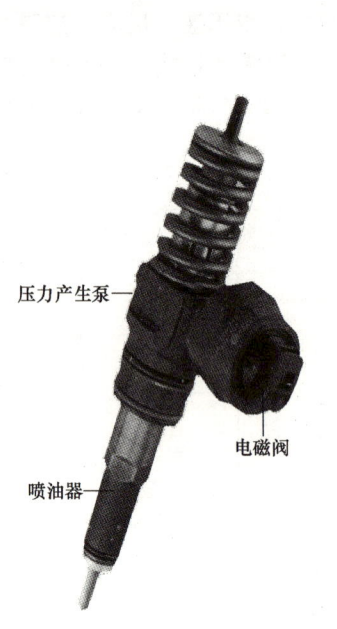

图 2-37 宝来 1.9TDI 喷油器

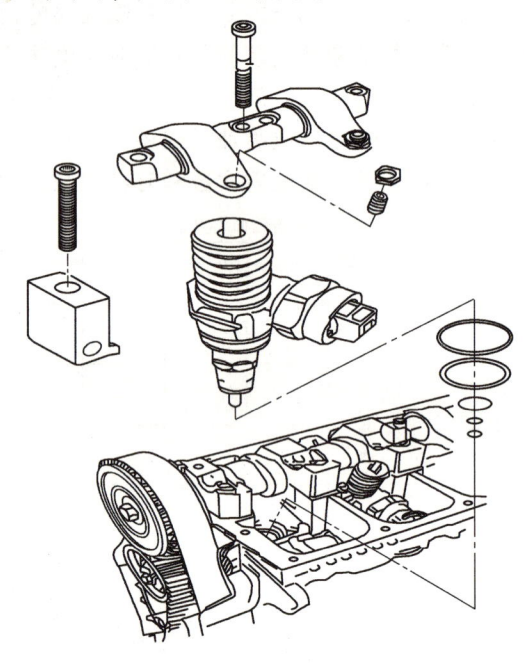

图 2-38 喷油器分解示意图

新的喷油器应带 O 形密封环和隔热垫。

**2. 喷油器的拆装**

1）安装前检查 3 个 O 形密封环、隔热垫及紧固卡箍是否正确安装。喷油器密封圈维修专用工具如图 2-39 所示。

若安装新的喷油器，则必须更换摇臂的相应调整螺钉。

当调整喷油器时，摇臂的调整螺钉和球销必须干净，同时检查磨损状态。用 G000100 润滑脂涂球销和调整螺钉的接触面。

2）拧开调整螺栓 1（图 2-40）的锁止螺母，直至相应的摇臂靠在柱塞弹簧上。

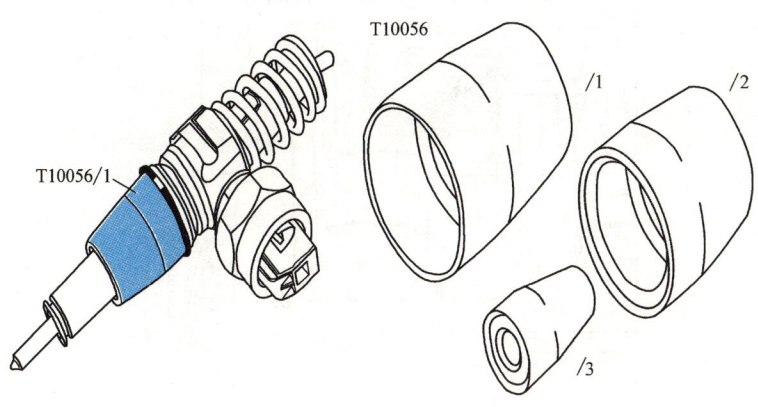

图 2-39 喷油器密封圈维修专用工具

3)用 3410 拆下摇臂固定螺栓(从外向里),拆下摇臂轴。

4)用 T10054 拆下张紧块固定螺栓,拆下张紧块。用螺钉旋具撬下接头。注意用手轻压,勿使其倾斜。

5)安装顶拔器,将喷油器从缸盖中拉出。拆卸前,转动曲轴直至待拆卸喷油器的喷射凸轮朝上。

6)喷油器锁块紧固螺栓拧紧至 12N·m + 270°(3/4 圈,可分几次拧)。

7)安装摇臂轴:将螺栓 2(图 2-41)用手拧紧,然后将螺栓 1 用手拧紧。最后,按相同顺序将螺栓拧紧至 20N·m + 90°(1/4 圈)。

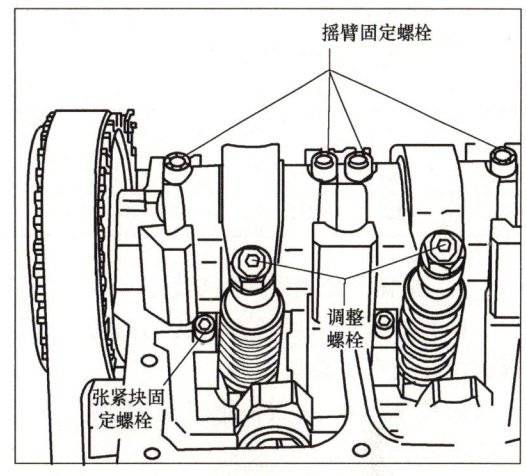

图 2-40 摇臂固定螺栓

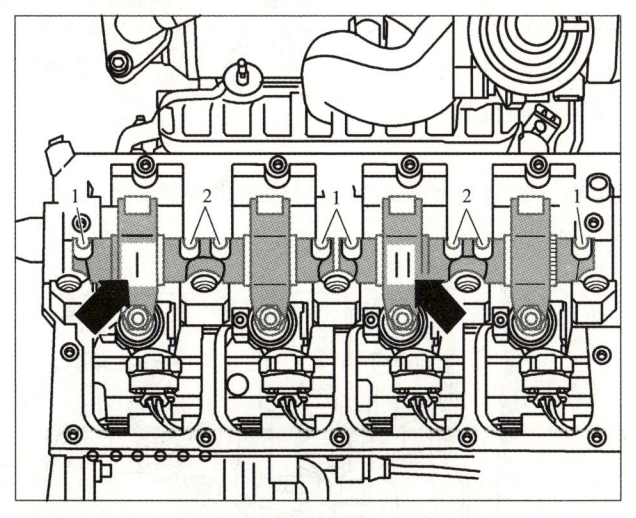

图 2-41 泵喷嘴锁块紧固螺栓

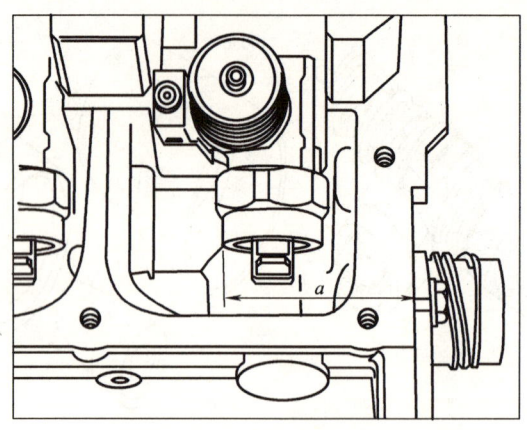

图 2-42 检查缸盖外边缘至泵喷嘴的尺寸

8）用游标卡尺（游标卡尺测量范围为最小 400mm）检查缸盖外边缘至喷油器的尺寸 $a$，如图 2-42 所示，其标准值见表 2-1 和表 2-2。

表 2-1 带旧电磁阀螺母的喷油器

| 气缸 | 尺寸 $a$/mm | 气缸 | 尺寸 $a$/mm |
|---|---|---|---|
| 1 | 322.2 ±0.8 | 3 | 152.8 ±0.8 |
| 2 | 244.2 ±0.8 | 4 | 64.8 ±0.8 |

表 2-2 带新电磁阀螺母的喷油器

| 气缸 | 尺寸 $a$/mm | 气缸 | 尺寸 $a$/mm |
|---|---|---|---|
| 1 | 333.0 ±0.8 | 3 | 153.6 ±0.8 |
| 2 | 245.0 ±0.8 | 4 | 65.6 ±0.8 |

9）安装千分表到调整螺钉上。

10）沿发动机运转方向转动曲轴，直至摇臂滚柱处于凸轮最高点。

滚柱侧—箭头 A—处于最高点，如图 2-43 所示。

千分表—箭头 B—处于最低点。

11）拆下千分表。

12）将调整螺钉拧入摇臂，直至顶住。

13）将调整螺钉自止点拧松 225°。

14）将调整螺钉保持在该位置，锁止螺母拧至 30N·m。

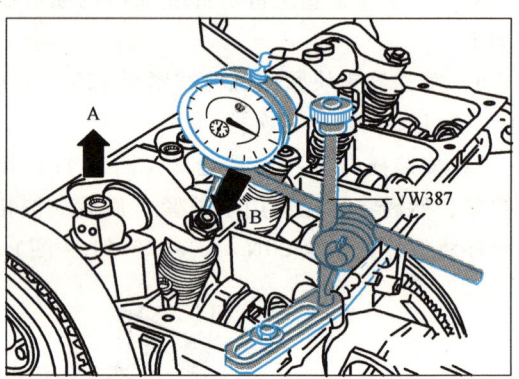

图 2-43 摇臂滚柱凸轮高度的测量

15）连接喷油器接头，安装气缸盖罩及齿形传动带护罩，如图 2-44 所示。

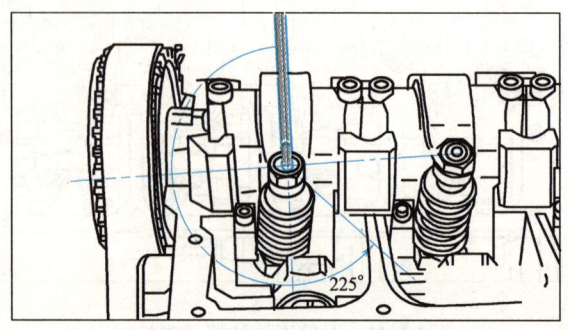

图 2-44 摇臂滚柱凸轮与喷油器间隙调整

16）连接真空管路，如图 2-45 所示。

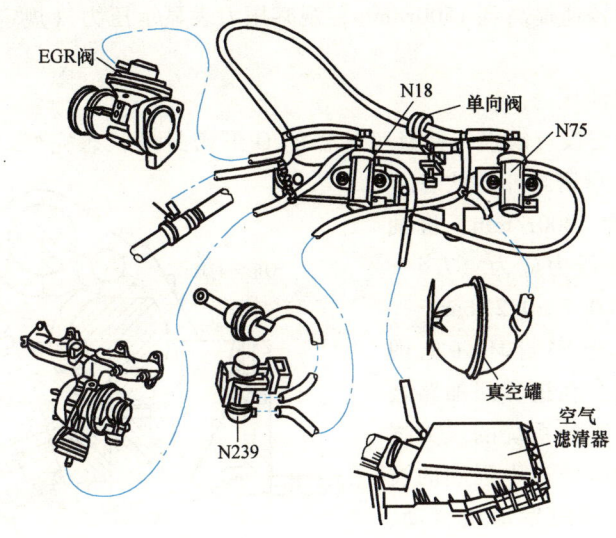

图 2-45　连接真空管路

17）检查气缸压缩压力，如图 2-46 所示。

检测条件：发动机润滑油温度不低于 30℃。

18）拉出喷油器的中间接头并拆下所有预热塞。

打开喷油器中间接头将引发故障，并存入故障存储器，因此检测完毕后需查询和删除该故障。

19）检测燃油供给系统压力。

① 按图 2-47 所示连接测试仪 VAS5187。

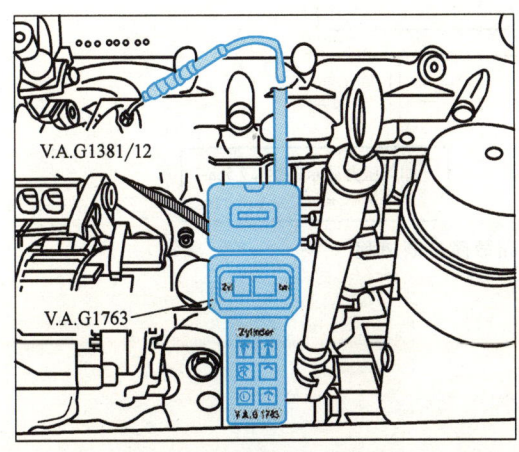

图 2-46　检查气缸压缩压力

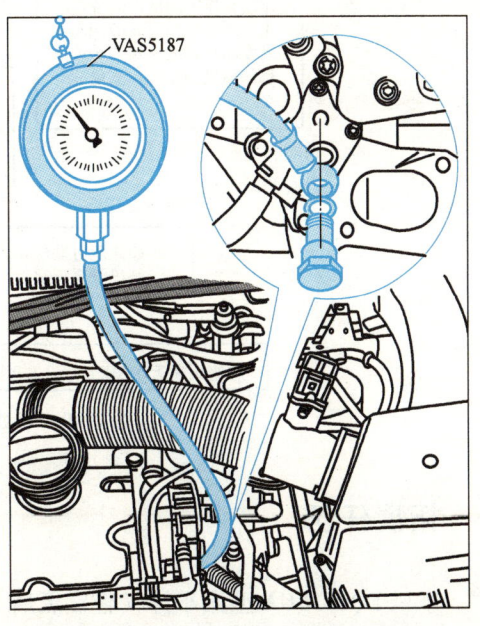

图 2-47　检测燃油供给系统压力

② 发动机怠速运转，连接 VAS5051，选择发动机自诊断，读取 08 数据块 02 显示组 1 区怠速转速，发动机转速提高到 1500r/min，观察压力表显示压力（规定值＞3.5bar），否则更换串联泵。

20）检查燃油进油压力。

前提条件：喷油器没有缺损，并且喷油器的 O 形密封环状态完好。在测量过程中必须注意喷油器第 2 道 O 形密封环的状态。

在发动机转速为 4000r/min，机油温度为 90℃时，供油压力应为（7.5±1）bar，回油压力为（0.7±0.2）bar。

如果喷油器 O 形密封环（见图 2-48）存在缺陷，则会在进、回油路之间造成严重的泄漏和进油系统的压力损失。从而柴油的供油压力产生强烈的波动，最终会导致全负荷时发动机抖动、功率损失等，在这种情况下必须更换 O 形密封环。若喷油器产生这样的问题，则不允许维修后使用。在拆卸喷油器后，必须更换所有的 O 形密封环。

若使用过程中，遇到类似的问题，则应判断是否由串联泵或喷油器的 O 形密封环引起的。可以按图 2-49 所示方法进行检查和操作。

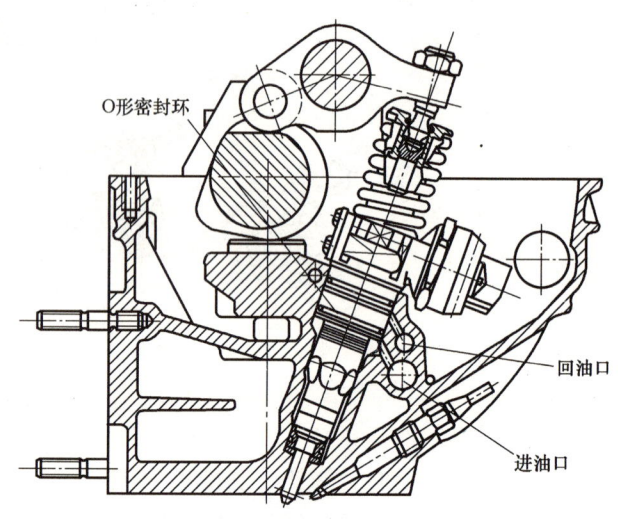

图 2-48 进、回油路

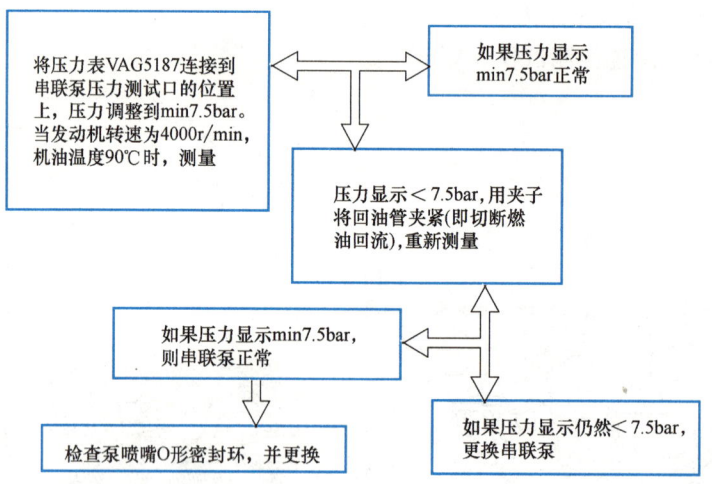

图 2-49 喷油器油路故障诊断流程

## 4 拓展任务

### 东风 EQ1118GA 型汽车排气管冒黑烟

（1）故障现象 一辆装用康明斯 6BT5.9 型柴油机的东风 EQ1118GA 型汽车，出现柴油

机排气管冒黑烟、功率严重下降的现象。

（2）诊断排除　根据上述故障现象分析，初步怀疑为某缸喷油器有故障。当采用断缸法检查时，发现第4缸高压油管接头紧固螺母拧松后，柴油机工作状况发生了变化，排气管冒黑烟的现象消除，说明4缸有问题。

仔细观察，该缸高压油管口没有气体排出，初步判断喷油器针阀卡在开启位置。将该缸喷油器总成拆下并清洗后在喷油器试验台上进行测试，结果发现喷油器雾化不良，燃油呈线状流出，压力表上无喷油压力显示。

拆下喷油器进行检查，针阀在阀体内活动自如，没有卡滞现象，怀疑可能是因针阀偶件磨损严重而引起此故障。换用一只新喷油器，装好后在喷油器试验台上进行试验，结果故障依旧。

又怀疑到喷油器调压弹簧力不够，以致无喷油压力。在喷油器内加上了厚度为0.5mm的垫圈，以增加调压弹簧的预紧力，结果故障现象仍未消失。

进一步分析认为，故障原因应该是该缸喷油器有故障。经过上述检修都没有故障，说明可能是喷油器总成内没有检查到的其他机件存在问题。

进一步检查喷油器发现，喷油器针阀上的顶杆凹坑严重磨损。查维修手册，该凹坑深度应为1.5mm，测量发现其实际值为3.2mm。换一个新的喷油器后试车，故障消除。

## 学习任务单2

| 学校名称 | | 任课教师 | |
|---|---|---|---|
| 班级 | | 学生姓名 | |
| 学习任务 | 柴油机在加速时冒黑烟的故障检修 | | |
| 学习情境 | | 学习时间 | |
| 工作任务 | | 学习地点 | |
| 课前预习 | | | |
| 课堂学习 | 1. 画出发动机工作示功图，并进行说明。<br><br>2. 制订一份喷油器的喷油压力检测步骤及注意事项。<br><br>3. 列出发动机加速冒黑烟的故障原因。<br><br>4. 列出发动机加速冒黑烟的相关诊断方法。 | | |
| 课后复习 | | | |
| 备注 | | | |

学习任务 3

# 电控柴油机无法起动的故障检修

## 任务目标

1) 学生应该掌握电控柴油机不能起动的故障维修的方法和技巧。
2) 会准备任务相关的零件、工具和工作场所。
3) 能够制订相关的维修计划。
4) 能够分析工作中的不安全因素并采取措施。
5) 能够掌握柴油机电控系统使用的基本知识。
6) 能够掌握柴油机电控系统的结构与工作原理及电路分析。
7) 能够进行传感器、执行器的检查、检测和更换,能进行零件鉴定。
8) 会检查、评价和记录工作结果。

## 1 客户报修:电控柴油机无法起动

### 1.1 任务描述

一辆电控柴油轿车,客户反映汽车无法起动,要求排除这个故障。

### 1.2 工作流程

故障受理接待→直观检查、接车→接受客户委托→车辆识别→技术支持信息系统查询→该车维修手册查询→检查记录→劳动安全、环境保护、道路交通许可规定查询→故障诊断测量→备件→修理→工作质量检验。

### 1.3 资讯导读

解决电控柴油机无法起动的故障,应具备以下的汽车专业知识:电控柴油机的基本结构、柴油电控系统结构与工作原理、柴油电控喷射系统的组成和分类、柴油电控系统传感器的结构和工作原理等基本知识;也应该具备一定的接车能力(能得到客户的理解和认同等)、与同事合作能力(提高维修速度等)、语言沟通能力(解决客户疑问、提高企业形象等）；本学习情境重点学习柴油电控发动机的基本组成、电控喷油器系统、共轨系统、电子控制式喷油泵结构与工作原理等。

## 2 信息收集

### 2.1 喷油压力控制原理

柴油机电控高压共轨燃油喷射系统由低压供油部分和高压供油部分组成，如图3-1所示。

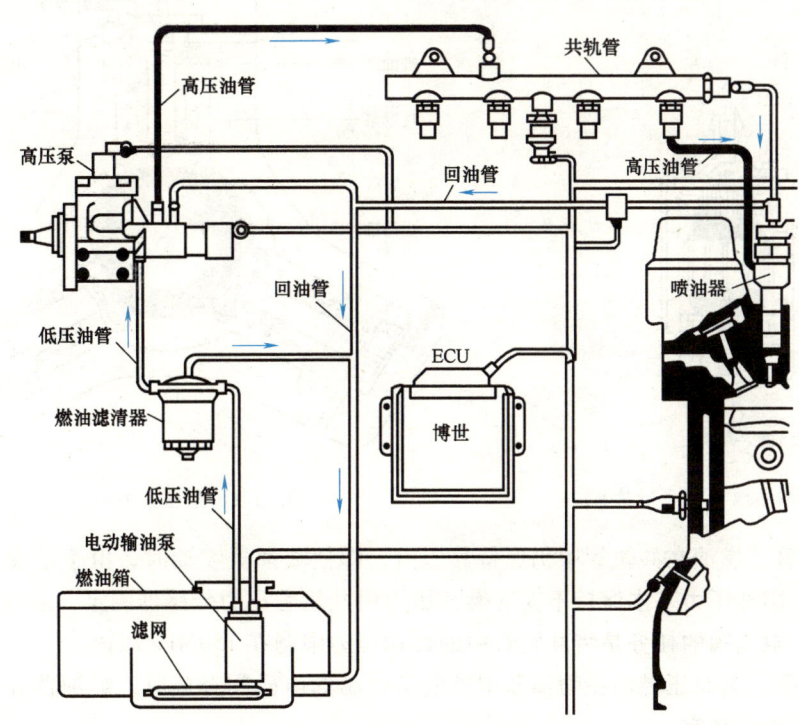

图3-1 柴油机电控高压共轨燃油喷射系统示意图

**1. 低压供油部分**

共轨燃油喷射系统的低压供油部分包括燃油箱（带有滤网）、输油泵、燃油滤清器及低压油管。

1）燃油箱必须抗腐蚀，且至少能承受两倍的实际工作油压，并在不低于0.03MPa的压力下仍保持密封。如果燃油箱出现超压，需经过适当的通道和安全阀自动卸压。即使车辆发生倾斜，或在弯道行驶，甚至发生碰撞时，燃油也不会从加油口或压力平衡装置中流出。同时，燃油箱必须远离柴油机，以减小车辆发生交通事故时发生火灾的危险。

2）低压供油部分除采用钢管外，还可使用阻燃的包有钢丝编织层的柔性管。油管的布置必须能够避免机械损伤，并且在其上滴落的燃油既不能聚集，也不会被引燃。

3）输油泵是一种带有滤网的电动泵或齿轮泵，它将燃油从燃油箱中吸出，将所需的燃油连续供给高压泵。输油泵的任务是在任何情况下为燃油提供所需的压力，并在整个使用寿命期内向高压泵提供足够的燃油。电动输油泵（滚子叶片）如图3-2所示。

4）燃油滤清器将进入高压泵前的燃油滤清净化，从而防止高压泵、出油阀和喷油器等精密件过早磨损和损坏。

**2. 高压供油部分**

共轨燃油喷射系统的高压供油部分包括带调压阀的高压泵、高压油管、作为高压燃油存储器的共轨管（带有共轨压力传感器）、限压阀、流量限制器、喷油器和回油管。

1）高压泵。高压泵将到共轨管的燃油的压力升到135MPa。高压泵内部结构如图3-3所示。

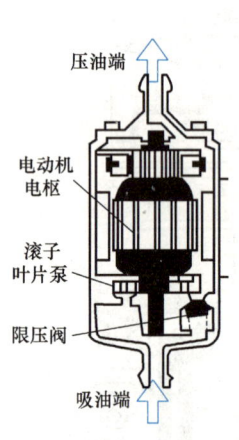

图3-2 电动输油泵（滚子叶片）

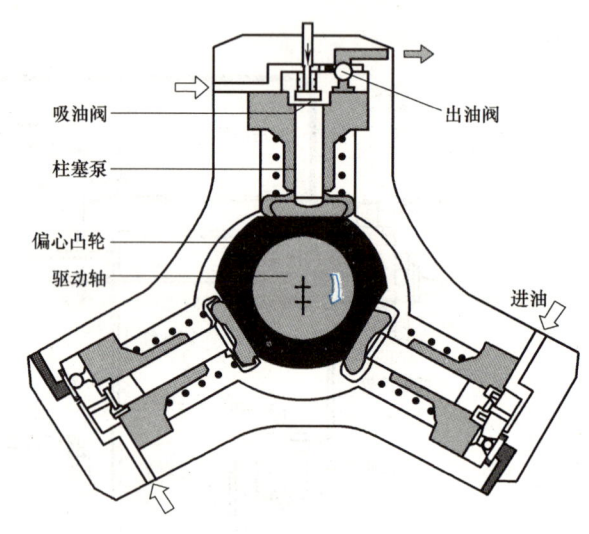

图3-3 高压泵内部结构

2）共轨管。燃油在共轨管中仍保持其压力，即使喷油器喷油时，由于燃油的弹性而产生蓄压作用，燃油压力基本保持不变。燃油压力由共轨管压力传感器测定，通过调压阀调节到规定数值。限压阀的任务是将共轨管中的燃油压力限制在150MPa以内。

3）喷油器。当高压燃油在喷油器中被电子控制的电磁阀释放时，喷油器开启，将燃油直接喷入柴油机燃烧室。

4）高压油管。高压油管必须能够经受燃油喷射系统的最大压力和喷油间歇时的局部高频压力波动。该油管由钢管制成，通常外径为6mm，内径为2.4mm。各缸的高压油管长度是完全相同的，共轨管与各缸喷油器之间的不同间距通过各缸高压油管的弯曲程度进行长度补偿，但油管长度应尽可能短一些。

## 2.2 喷油正时原理

燃油共轨电控柴油机的基本喷油正时是通过计算发动机转速和加速踏板位置来确定的，再根据冷却液温度和进气压力来进行修正，得出最佳的喷油正时（见图3-4）。

由于喷油始点和喷油延续时间由指令脉冲决定，与转速及负荷无关，因此，ECU可以自由地控制喷油时间。

**1. 喷油量控制**

ECU根据各传感器与开关输入的电信号，计算出喷油量，并与储存在ECU中的目标值

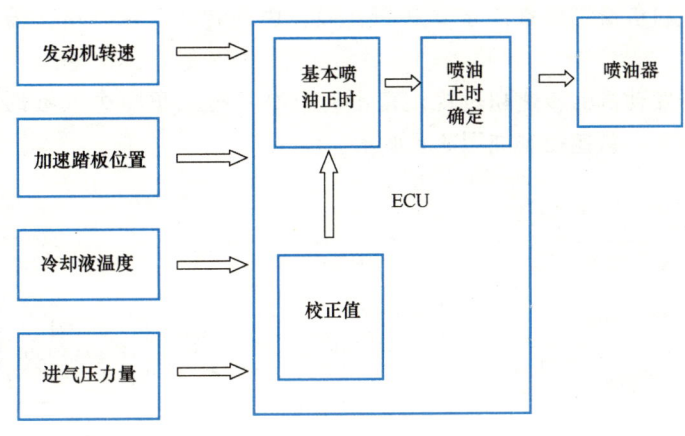

图 3-4 喷油正时原理

和 MAP 图进行比较，最后确定喷油量。ECU 发出驱动信号，确定喷油电磁阀开启或者关闭，控制喷油器供油开始和供油结束时刻，从而控制喷油量。喷油量控制的基本内容有基本喷油量、起动喷油量、怠速喷油量、空调压缩机运转喷油量、不均匀油量补偿控制、巡航控制喷油量。

（1）基本喷油量的控制　发动机在不同工况下工作，要求输出不同的转矩，为了获得不同的转矩特性，可以通过控制喷油量实现。发动机的基本喷油量由发动机的转速和加速踏板位置决定。

（2）起动喷油量的控制　发动机在不同工况下运行，发动机转速和加速踏板位置决定了基本喷油量。发动机的冷却温度和进气压力决定了补偿喷油量。ECU 根据起动信号和冷却温度传感器信号来调节基本喷油量，发动机温度越低时，喷油量越大。当冷却液温度低时，为了确保起动，ECU 将喷油提前，并提高发动机转速。起动喷油量的控制如图 3-5 所示。

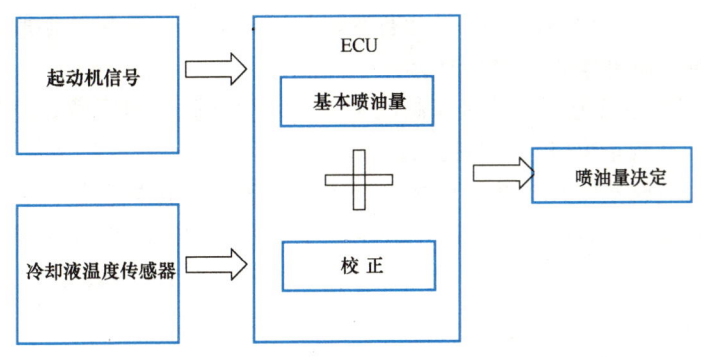

图 3-5 起动喷油量的控制

（3）怠速喷油量控制　在怠速工况下，发动机输出的转矩主要用于克服机件本身的摩擦而维持平衡，使发动机在怠速时稳定运转。

发动机在低温下起动时，由于机油黏度大、发动机摩擦阻力大，发动机怠速有可能不稳定。若发动机怠速过高，噪声会大，燃油消耗也会增加。ECU 会控制怠速转速自动调节功能，维持目标转速所需要的喷油量。将发动机的实际转速和目标转速（由发动机冷却液温度、空调控制状态和负荷等因素决定）进行比较，由两者差值求得所必需的喷油量并进行反馈控制。

在急速时，当发动机的转速超过规定范围时，ECU可校正每个气缸的喷油量，从而减小急速的振动和噪声。急速控制如图3-6所示。

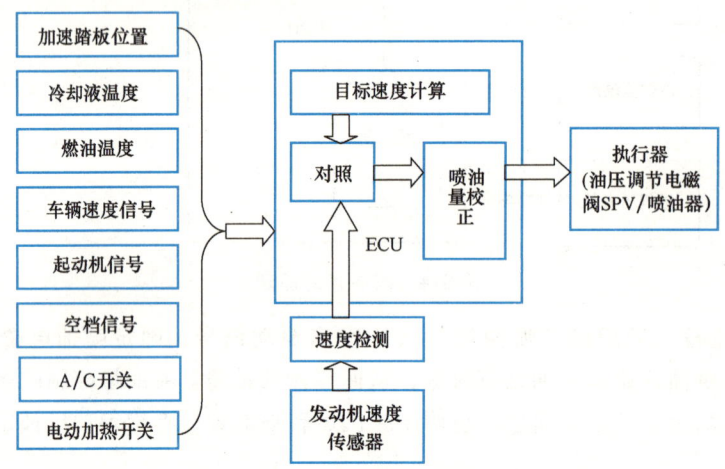

图3-6 急速控制

（4）空调压缩机运转喷油量控制 当打开A/C开关后，ECU接收空调选择信号和空调请求信号时，首先调整急速电动机，提高发动机急速转速。接着ECU使空调离合器继电器搭铁，接通空调压缩机电磁阀离合器，使压缩机工作。当空调压缩机工作时，由于负荷增加了，ECU会调整喷油量，以适应负荷增大的需要，防止急速转速过低或过高。

（5）不均匀油量补偿控制 当发动机工作时，各缸喷油量不均匀会引起燃烧压力不均匀，各缸混合气燃烧差异引起各缸转速不均匀，曲轴旋转速度变化引起振动等。为减少转速波动，使运行平稳，需要调节各缸的喷油量，使每个气缸所需的燃油量精确，必须进行不均匀油量补偿。ECU负责检测各缸每次做功行程时转速的波动，再与其他所有气缸的平均转速相比较，分别向各缸补偿相应的喷油量。

（6）巡航控制喷油量控制 巡航控制就是为了减少驾驶人的疲劳，使驾驶人不需要操纵加速踏板即可维持汽车恒速行驶的控制过程。

当驾驶人接通巡航控制系统的速度控制开关时，速度控制系统开始工作。ECU能够根据行驶阻力的变化情况，自动调节油量控制齿杆的位置。油量控制齿杆位置传感器将油量控制齿杆位置变化信号输入ECU，ECU控制喷油电磁阀的开启和关闭时间，补偿或减少喷油量，使汽车保持恒速行驶。

### 2. 喷油方式控制

燃油共轨柴油机采用多次喷射，它将每个工作循环中的喷油过程分成几个阶段进行，每个阶段喷油都是相应独立的，其目的就是控制燃烧速率。喷射阶段分为先导喷射、预喷射、主喷射、后喷射和次后喷射等。在多次喷射过程中，电磁阀执行开启和关闭喷油器的工作，可以实现喷油规律优化。在主喷射之前的预喷射可以降低燃烧噪声，而预喷射靠近主喷射可有效降低PM（可吸入颗粒物）排放量。而后喷射过程中少量燃油随废气排放再燃烧，会使各有害颗粒进一步燃烧掉，更有效地减少PM的排放量。

### 3. 喷油时间控制

在燃油共轨柴油机中，为了实现最佳燃烧，ECU根据发动机的各运行工况和外部环境条件经常调节喷油时间，即进行最佳喷油时间控制。其具体方法是，由发动机决定基本喷油时间，同时根据发动机的负荷、冷却液温度、进气温度和压力、燃油压力和温度等对基本喷油时间进行修正，决定目标喷油时间。

### 4. 喷油速率控制

喷油规律是影响柴油机排放的主要因素。理想的喷油规律要求喷射初期要缓慢，喷油速率不能太高，目的是减少在滞燃期内的可燃混合气量，降低初期燃烧速率，以降低最高燃烧温度和压力上升率，抑制氮氧化合物的生成和降低燃烧噪声。预喷射式实现初期缓慢燃烧，喷射中期采用高喷射压力和高喷油速率，目的是加快燃烧速度，防止生成微粒和提高热效率。主喷射发生在中期，可以加快可燃混合气的扩散燃烧速度。喷油后期要求迅速结束喷油，防止在较低的喷油压力和喷油速率下燃油雾化变差，导致燃烧不完全，而使HC（碳氢化合物）和PM排放增加。后喷射可有效降低排放物，使未燃烧物进一步燃烧掉。在共轨柴油机中进行多次喷射可使喷油规律得到优化。

## 2.3 柴油机冷起动预热装置的检修

预热系统是柴油机特有的。当柴油机冷起动时，即使压缩充分，由于温度低，喷入的燃油并未升温至自燃温度，所以，必须用预热系统来改善点火性能。目前生产的低温起动型系列柴油机主要采用进气预热的方式提高柴油机的低温起动性能。一汽集团大连柴油机厂生产的CA6DE3系列柴油机所采用的进气预热方式有两种：一种是点燃柴油对进入柴油机进气管的冷空气进行加热（火焰预热器加热），另一种是采用电加热的方式对进气预热（PTC空气加热器加热）。

火焰预热器加热型是通过点燃喷入进气道的柴油对进气进行加热。当柴油机内冷却液的温度低于0℃时，火焰预热装置自行起动，驾驶人在起动柴油机的过程中，先把点火钥匙置于预热档，约26s后，预热指示灯关闭，驾驶人就可以起动柴油机了。

PTC空气加热器加热型是将电能产生的热量事先储存于加热器中，起动时热空气首先进入气缸，使柴油机顺利起动。当驾驶人要起动柴油机时，先按下预热开关，6min后，蜂鸣器开始鸣叫，说明预热器加热完毕，驾驶人就可以把预热开关复位，然后起动柴油机。

还有一种预热系统是冷却液辅助预热系统，即在预热进气的同时，对冷却液进行电加热预热。

### 1. 起动预热系统结构

起动预热系统是在柴油机冷起动前，通过电子装置加热压缩空气，以提高柴油机的起动性能，即使在起动后，还将依据冷却液温度对空气继续加热一定的时间，从而减少柴油机的爆燃和冒白烟现象。起动预热系统有两种主要类型：预热器式和进气加热式。预热器式起动预热系统用于加热燃烧室的空气，如图3-7a、b所示；进气加热式起动预热系统用于直接加热来自空气滤清器的空气。

预热器又称为预热塞，其结构原理如图3-8所示。预热器内装有控制线圈，当其电阻随着温度的升高而增加时，可以减少流往与控制线圈串联的热线圈的电流量，使预热器的温度

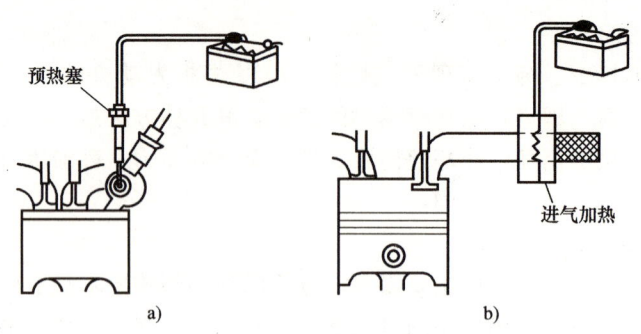

图 3-7 起动预热系统类型

a) 预热塞式 b) 进气加热式

不会上升过高。预热器的温度可升至约 900℃。

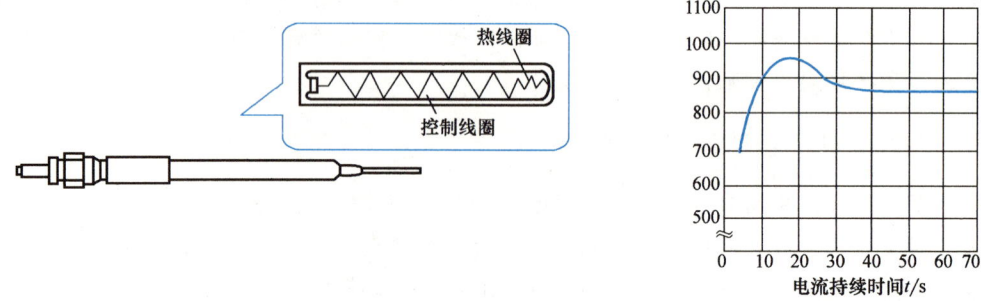

图 3-8 预热器结构原理

预热系统的运行如图 3-9 所示。当柴油机冷却液温度较低时，在起动开关接通后，预热定时器的工作过程如下：

① 在依据冷却液温度决定的时间内，定时器 1 和定时器 2 都接通，然后同时断开，指示灯发光时间约为 0～10s，当定时器 1 断开时，预热指示灯也断开。

② 当起动开关旋至 ST 时，预热定时器或 ECU 指令控制将预热器接通，防止预热器温度在起动时下降和改善起动性能。

③ 当定时器 3 运行时，在依据冷却液温度决定的时间内，将预热继电器接通预热，起动开关从 ST 旋到 ON 位置，有利于提高柴油机的工作性能。

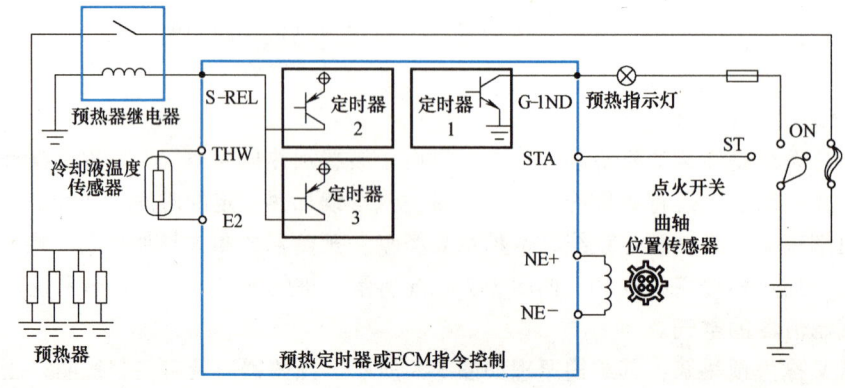

图 3-9 预热系统的运行

预热系统的电路有两种类型,即固定延时型电路和可变延时型电路。

① 固定延时型电路如图 3-10 所示。在固定延时型的预热系统中,预热定时器控制预热指示灯发光时间和预热器继电器接通的时间(预热时间)。指示灯发光时间约为 5s,预热时间约为 18s,两者都按固定时间控制。

② 可变延时型电路如图 3-11 所示。在可变延时型的预热系统中,预热定时器控制预热指示灯发光时间以及根据柴油机冷却液温度和交流发电机电压(可用作柴油机运转信号)而决定的预热器继电器接通时间(预热时间)。指示灯发光时间为 2~28s,预热时间为 2~55s,两者都根据冷却液温度变化而变化。

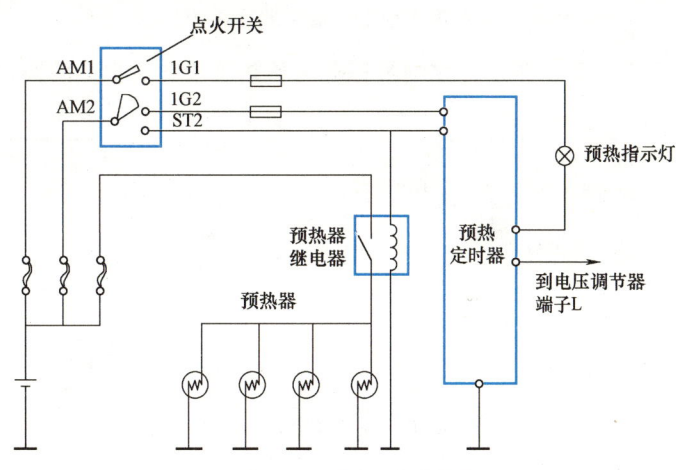

图 3-10 固定延时型电路

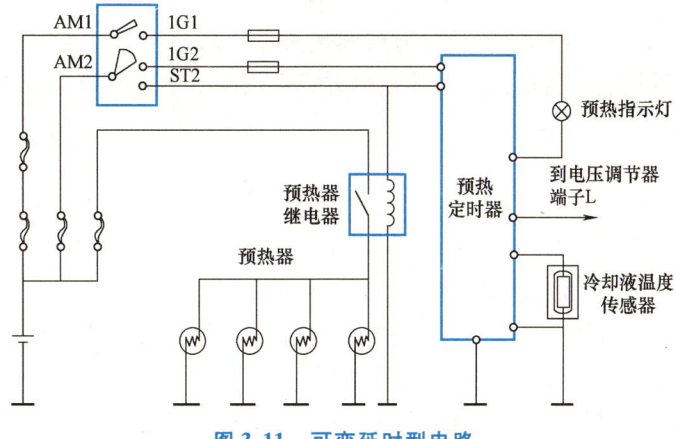

图 3-11 可变延时型电路

有些新型预热装置采用陶瓷预热杆,可在 2s 内达到 1000℃,保证柴油机像汽油机一样可以快速起动,不会产生普通柴油机那样 1min 延迟现象。

③ 电控模块控制型电路。以一汽大众宝来柴油机为例,起动预热系统如图 3-12 所示。

**2. 辅助预热系统(冷却液预热)**

辅助预热系统根据进气温度传感器、冷却液温度传感器和柴油机负荷等传感器的信号,控制冷却液预热器的工作,以提高燃烧质量,从而提高柴油机的动力性、经济性和排放性。

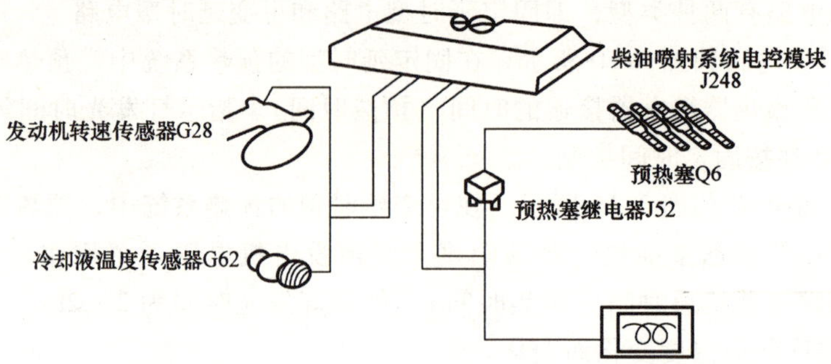

图 3-12　一汽大众宝来柴油机起动预热系统

捷达电喷柴油汽车辅助预热系统控制过程分为预热阶段和后预热阶段，如图 3-13 所示。

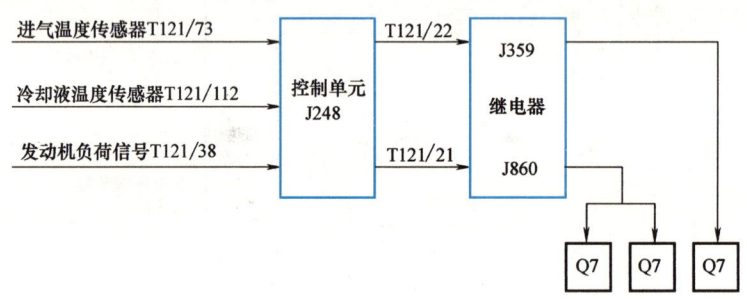

图 3-13　捷达电喷柴油汽车起动控制电路示意图

（1）预热阶段　打开起动开关后，当冷却液温度低于 9℃ 时预热器被接通，预热期间警告灯亮，预热循环阶段结束时警告灯熄灭，柴油机可以起动。

（2）后预热阶段　柴油机起动后即为后预热阶段，时间不超过 4min，当柴油机转速超过 2500r/min 后，后预热阶段结束。这种预热方式可以降低燃烧噪声，提高怠速稳定性和减低 HC 排放水平。

### 2.4　主要传感器与执行器的工作原理与检修

**1. 曲轴位置传感器和凸轮轴位置传感器的结构与原理**

（1）作用　检测曲轴或凸轮轴的位置，为 ECU 进行喷油正时控制、气门正时控制等提供依据。此外，ECU 还利用曲轴位置传感器的信号计算柴油机的转速，作为控制柴油机运转的重要参数。

（2）安装位置　曲轴位置传感器通常安装在带轮后、飞轮附近或凸轮轴附近。

当曲轴位置传感器安装在曲轴带轮附近或飞轮附近时，ECU 可以根据其信号确定曲轴转动的位置，或判定各气缸活塞到达上止点的位置，因此常被称为曲轴位置传感器，并将其信号称为 NE 信号；当其安装在凸轮轴附近时，ECU 除了可以根据其信号确定凸轮轴转动的位置、曲轴转动的位置外，还可以判定第一缸活塞到达压缩上止点的位置，因此有时也称其为凸轮轴位置传感器，并将其产生的用于判定第一缸活塞到达压缩上止点的信号称为 G 信号。

（3）结构与工作原理

1）电磁感应式曲轴位置传感器。电控柴油机曲轴位置传感器广泛采用电磁感应式，极个别的采用霍尔式。

曲轴的转速信号直接反映柴油机的速度工况,曲轴的位置信号则用来判断活塞上止点的位置,以便控制燃料供给系统的喷油时序。常见的电磁式曲轴转速与位置传感器如图3-14a所示。它的触发轮(或称为信号盘)装在曲轴上与曲轴同步旋转,触发轮上加工出若干等节距的齿(例如博世公司4缸柴油机为60-2=58个齿,其中两个齿空缺,空缺处相应于1缸活塞位置),当各齿转过固定在柴油机机体上的磁头(由永磁铁、软铁心和绕组组成)时,由于气隙的周期变化,在绕组两端产生交变的感应电动势,这一交流信号即可作为转速信号,经整形与放大以后形成方波送至ECU。同时,触发轮上的两个齿缺对应着一定的曲轴位置,从而产生了相应的上止点信号,如图3-14b所示。控制电路如图3-14c所示。

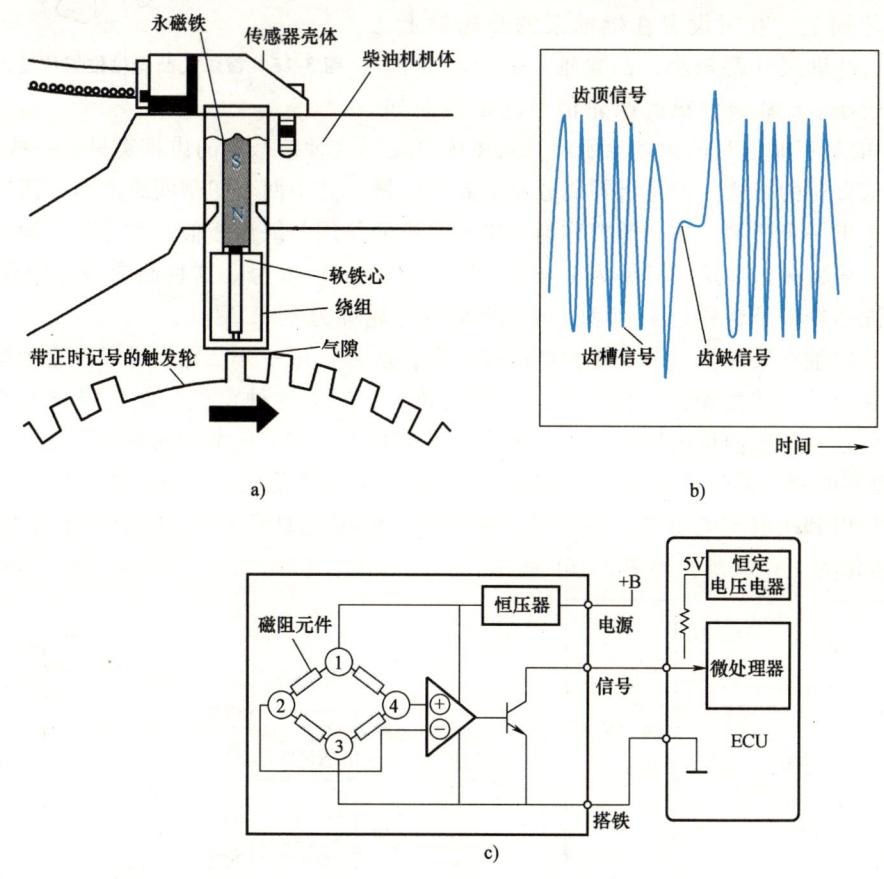

图3-14 常见的电磁式曲轴转速与位置传感器
a)结构与工作原理图 b)输出信号 c)控制电路

2)霍尔式凸轮轴位置传感器。凸轮轴位置传感器采用霍尔元件的居多,这是因为霍尔元件低频工作特性比电磁式传感器好。

在四冲程柴油机中,曲轴每两转才完成一个工作循环,为了区别压缩上止点与排气上止点,还应在凸轮轴上加装霍尔效应传感器才能保证正确的喷油时序。这种传感器的结构如图3-15所示,它由霍尔元件和带有凹槽的触发轮等构成。霍尔元件处在永磁铁产生的磁场内,磁力线与晶片垂直并通过气隙流向由铁磁材料制成的触发轮,构成磁通回路。当凸轮轴旋转时,触发轮齿顶和齿槽交替通过它们与霍尔元件之间形成的气隙,引起磁场的剧烈变化

(齿顶处气隙小,磁场最强,齿槽处磁场最弱)。如果这时有恒定电流通过霍尔元件,根据霍尔效应便会在其晶片两端与磁场和电流垂直的方向上产生脉冲电压信号,其值只正比于磁场的强度而与凸轮的转速无关,因此只要正确布置触发轮,即可确定柴油机1缸压缩上止点的位置,从而保证正确的喷油正时。

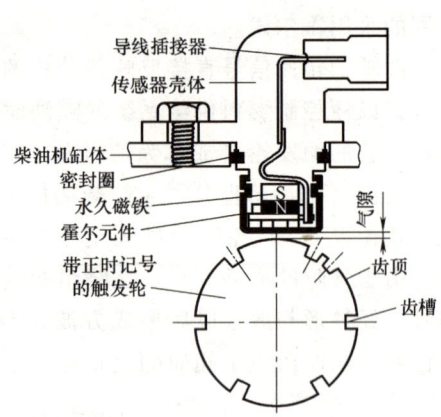

与曲轴信号齿轮相似,凸轮轴上也需要设置信号轮。这种信号轮根据实际结构的情况,有时设置在配气凸轮轴上,有时设置在燃油泵的凸轮轴上。对比飞轮这些轴尺寸都较小,凸轮轴上的信号轮的直径也都较小。6缸柴油机的凸轮信号轮横截面如

图3-15　霍尔式凸轮轴位置传感器结构

图3-15中的带正时记号的触发轮所示,从图中可见,这种信号轮的齿其实只是一些凹槽。6缸柴油机信号轮的凹槽一般是沿圆周分布的6个凹槽,其中两个凹槽间距前一凹槽1/4间距处也加工出一个凹槽,这一凹槽称为多齿。多齿的作用与缺齿相似,也是为了确定齿计数的始点。一般将多齿后第一齿编为1号齿,以后依次为2～6号。这种凸轮信号轮称为6+1型,如4缸凸轮信号轮称为4+1型、8缸凸轮信号轮称为8+1型。

由于凸轮轴在柴油机一个工作循环内转一圈,所以,每一个凸轮齿可以确定无疑地定下柴油机曲轴的一个转角相位。但由于凸轮齿数较少,所以这种定位只能确定较大的转角范围。如在上述6缸柴油机的情况,凸轮齿只能对720°/6＝120°的曲轴转角范围定位。

3)控制电路。霍尔式曲轴位置传感器内部的霍尔元件及放大电路都需要电源才能正常工作,它可以利用由蓄电池提供的24V(或12V)电压,如图3-16a所示,或由ECU提供的5V电压作为工作电源,如图3-16b所示。

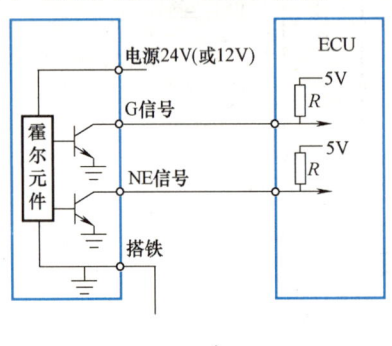
a)

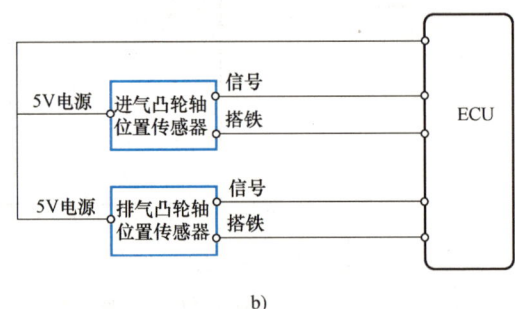
b)

图3-16　霍尔元件的控制电路

图3-16a是一个能产生两组曲轴位置信号(G信号和NE信号)的霍尔式曲轴位置传感器,它有4条接线,分别是电源线、搭铁线、G信号线和NE信号线。图3-16b是两个分别独立的霍尔式凸轮轴位置传感器,每个传感器有3条接线,分别是电源线、搭铁线和信号线。

在传感器内部的放大电路中,霍尔电压用于驱动一个晶体管开关电路,使该电路处于饱和(即导通)或截止状态。ECU中的5V基准电压通过一个较大的电阻后施加在晶体管开关

电路上，如图3-16a所示，当霍尔电压为高电位时，晶体管开关电路处于饱和状态，此时传感器的信号输出端与搭铁导通，5V电压经过ECU中的电阻后在该端子处被短路，其电压变为0；当霍尔电压为低电位时，晶体管开关电路处于截止状态，使传感器的信号输出端相对于搭铁断路，其电压变为5V。由此可知，霍尔式曲轴位置传感器的输出信号电压是通过信号输出端相对于搭铁端导通状态的改变，由ECU施加在该端子上的电压产生的。由于该电路在断路状态时是一个5V电压，因此，在传感器转子转动一圈过程中，传感器输出和转子叶片（或窗口）数目相同个数的、幅值为5V的矩形电压脉冲信号。ECU通常将脉冲信号的下降沿作为判定曲轴或凸轮轴位置的基准点。

**2. 曲轴位置传感器的检修**

（1）电磁式曲轴位置传感器的检修

1) 电磁式曲轴位置传感器常见故障。电磁式曲轴位置传感器常见故障有：

① 传感器内部电磁线圈断路或短路。

② 传感器与ECU之间的导线断路或短路。

③ 传感器的安装位置不正确，转子的凸齿与传感器之间的气隙过大，导致信号电压过低。

电磁式曲轴位置传感器主要通过外观检查、电磁线圈电阻的测量、信号的测量等方法来检测。

2) 电磁式曲轴位置传感器的外观检查。检查电磁式曲轴位置传感器的安装是否牢固，线束插接器是否连接有效、牢固可靠；检查传感器端头与转子凸齿的气隙是否符合标准要求，其气隙大小一般为0.2~0.5mm，如超过1.0mm，应予以调整；传感器与转子之间应无污物或铁屑，如有应清理干净。

使用万用表测量电磁式曲轴位置传感器电磁线圈电阻方法如下：

① 关闭起动开关，拔下电磁式曲轴位置传感器线束插接器。

② 用万用表测量电磁式曲轴位置传感器线束插座内感应线圈两接线端之间的电阻，该电阻即为电磁式曲轴位置传感器感应线圈的电阻。不同电控柴油机的电磁式曲轴位置传感器感应线圈的电阻不完全相同，通常为150~1000Ω（参阅维修机型手册）。如果测得的电阻不符合标准，或感应线圈有短路、断路，说明有故障，应予以更换。

3) 电磁式曲轴位置传感器输出信号检查。电磁式曲轴位置传感器输出信号可以用万用表进行测量，也可以用示波器进行测量。

使用万用表测量电磁式位置传感器输出电脉冲时，应采用指针式万用表，并将万用表选择开关转至1V左右的直流电压档位。在传感器处于工作状态时（转子转动时）测量其两接线柱之间有无输出电脉冲，具体方法如下：

对于安装在曲轴带轮附近或凸轮轴附近的电磁式曲轴位置传感器或凸轮轴位置传感器，可将发动机怠速运转，用万用表测量传感器有无输出电脉冲。如果在转动曲轴时万用表指针有摆动，起动时电压应高于0.1V，运转时电压一般为0.1~0.8V，说明传感器有输出电脉冲，其工作正常；否则，说明传感器有故障。

也可以使用示波器测量电磁式位置传感器输出电脉冲波形，将示波器测头与电磁式位置传感器线束中输出信号的导线连接好，并在电控装置处于工作状态下进行测量。例如，测量曲轴位置传感器输出电脉冲时，应在柴油机运转中进行。

各种电磁式位置传感器输出电脉冲的波形基本相同。若有异常,如脉冲波形过于平缓,或有间断,说明传感器有故障。

(2) 霍尔式曲轴位置传感器的检修

1) 霍尔式曲轴位置传感器常见故障。霍尔式曲轴位置传感器常见故障有:

① 传感器内部元件损坏,或内部线圈断路或短路,无信号产生。

② 传感器电源电路、搭铁电路或信号接线断路或短路。

③ 传感器的安装位置不正确,与转子之间的间隙过大,导致信号电压不正常。

2) 霍尔式曲轴位置传感器的外观检查。检查霍尔式曲轴位置传感器的安装是否牢固,线束插接器是否连接有效、牢固可靠。其端头与转子间的气隙是否符合标准要求,传感器与转子之间应无污物或铁屑,如有应清理干净。

3) 霍尔式曲轴位置传感器控制电路检查。

① 关闭起动开关,拔下传感器线束插接器。

② 打开起动开关,用数字万用表测量传感器线束各端子。

③ 测量传感器线束电源端子,电压应为 24V(或 12V)蓄电池电压,或 5V 基准电压,如果测得的电压不符合标准,说明有故障,应进一步检查电源线路。

④ 测量传感器搭铁电路,与蓄电池负极之间的电阻应为 0,如果测得的电阻不符合标准,说明有故障,应检修搭铁电路。

⑤ 测量信号端子,电压应低于 5V 基准电压,如果测得的电压不符合标准,应检查该端子与 ECU 之间的连接及 ECU 本身是否异常。

4) 霍尔式曲轴位置传感器输出信号检查。安装在曲轴带轮附近或飞轮附近的霍尔式曲轴位置传感器,应在安装良好的状态下,在柴油机运转过程中测量其输出信号。

也可用发电机带动曲轴转动,用示波器测量传感器有无输出电脉冲的波形。如果波形显示不正常,说明传感器有故障,应予以检修。

### 3. 共轨压力传感器

(1) 作用 共轨压力传感器的作用是以足够的精度,在相对较短的时间内,测定轨道中的实时压力,并向 ECU 提供电信号。

(2) 安装位置 安装在共轨上(见图 3-17)。

(3) 要求 对共轨压力传感器的主要要求如下:

1) 测量范围宽。要求能测量 20~180MPa 的燃油压力。

2) 精度高。要求精度达到 ±(2%~3%)。

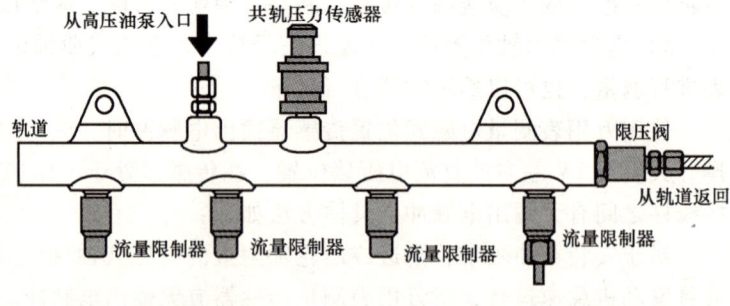

图 3-17 共轨压力传感器的安装位置

3) 可靠性好。在发动机不同运行工况下能精密控制燃油压力,在 180MPa 高压状态下仍有很高的可靠性。

(4) 结构与工作原理 共轨压力传感器主要由压力敏感元件(焊接在压力接头上)、带求值电路的电路板和带电气插头的传感器外壳等组成。

燃油经一个小孔流向共轨压力传感器,传感器的膜片将孔的末端封住。高压燃油经压力室的小孔流向膜片。膜片上装有半导体型敏感元件,可将压力转换为电信号。通过连接导线将产生的电信号传送到一个向 ECU 提供测量信号的求值电路。

共轨压力传感器的工作原理是:当膜片形状改变时,膜片上涂层的电阻发生变化。这样,由系统压力引起膜片形状变化(150MPa 时变化量约 1mm),促使电阻值改变,并在用 5V 供电的电阻电桥中产生电压变化。电压在 0~70mV 变化(具体数值由压力而定),经求值电路放大到 0.5~4.5V。精确测量共轨中的压力是电控共轨系统正常工作的必要条件。为此,压力传感器在测量压力时允许变差很小。

### 2.5 常用执行器电磁阀的检修

在柴油机电控喷射系统执行器中,无论是停油电磁阀、油量控制电磁阀、正时控制电磁阀、调压阀的电磁线圈,还是共轨电控式喷油器的电磁阀、EGR(废气再循环)电磁阀、涡轮增压器电磁阀等,其工作原理都是在线圈通电后,吸引铁心移动进行开启和关闭动作。检修时应特别区分是开关式还是脉冲式电磁阀。

(1)开关式电磁阀的检修  开关式电磁阀的作用是开启或关闭油路,由电磁线圈、衔铁、回位弹簧、阀芯和阀球等组成,如图 3-18a 所示。开关式电磁阀根据 ECU 的指令信号使电磁阀开启或关闭,控制油路的通断工作。或者电磁阀电路接通,油路打开(或关闭);或者电磁阀电路断开,油路关闭(或打开)。

大多数开关式电磁阀的工作原理类似。其控制线路如图 3-18b 所示,检查方法如下:

1)使用万用表测量电磁线圈的电阻,如图 3-18c 所示,电阻值参照机型维修手册。如果电磁阀线圈短路、断路或电阻值不符合技术标准值,则应更换电磁阀。

2)将 24V(大型工程机械或重载车辆柴油机使用 24V 电源,3 缸以下小型柴油机使用电源仍为 12V)电源加到电磁线圈上,如图 3-18d 所示,此时应能听到电磁阀线圈工作的"咔哒"声,否则应更换电磁阀。

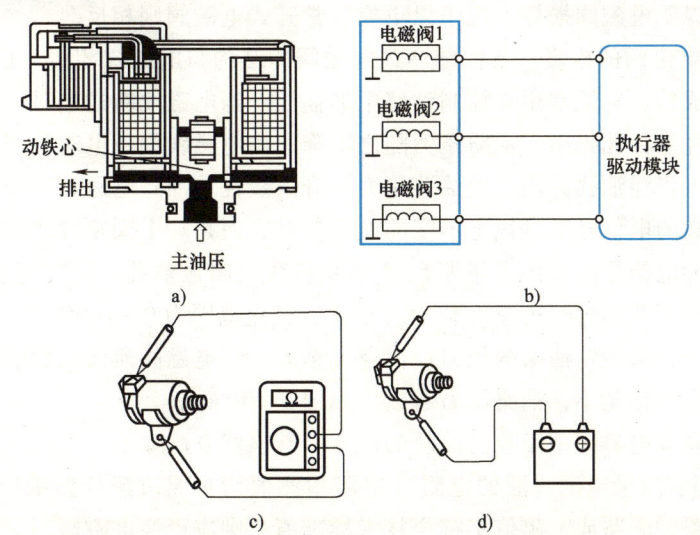

图 3-18 电磁阀结构与电路的检查示意图
a)开关式电磁阀结构  b)电磁阀电路  c)电阻检测  d)通电检查

3)如需要检修,则应拆卸下故障执行器的电磁阀。

4）将压缩空气（约 0.50MPa）吹入电磁阀进油口中，如图 3-19 所示。

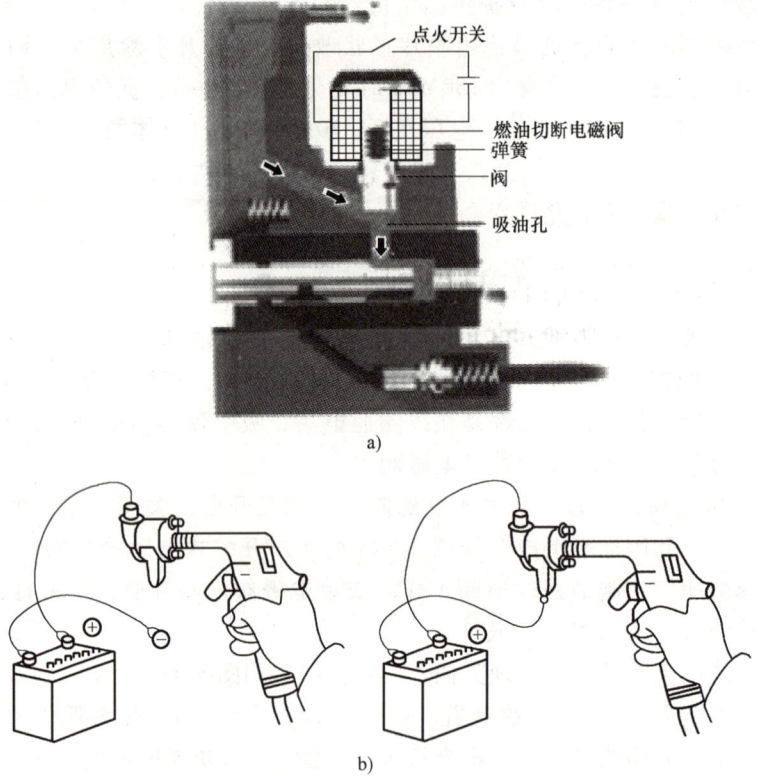

图 3-19　电磁阀的检查

5）当电磁阀线圈不通电时，常闭式进油口和泄油口应不通气，通电后，进油口和泄油口应相通。否则说明电磁阀损坏，应予以更换。常开式电磁阀则相反。

（2）脉冲式电磁阀的检修　线性脉冲式电磁阀的结构与电磁式相似，也是由电磁线圈、衔铁、阀芯等组成的，它通常用来控制油路中的油压。当电磁线圈通电时，电磁力使阀芯或滑阀开启，燃油经泄油孔排出，油路压力随之下降。当电磁线圈断电时，阀芯或滑阀在回位弹簧弹力的作用下将泄油孔关闭，使油路压力上升。线性脉冲式电磁阀和开关式电磁阀的不同之处在于控制它的电信号不是恒定不变的电压信号，而是一个固定频率的脉冲宽度的电信号。电磁阀在脉冲电信号的作用下不断反复地开启和关闭泄油孔，ECU 通过改变每个脉冲周期内电流接通和断开的时间比率（称为占空比，变化范围为 0~100%），改变电磁阀开启和关闭时间的比率，来控制油路的压力。占空比越大，经电磁阀泄出的燃油越多，油路压力就越低；反之，占空比越小，油路压力越大，如图 3-20c 所示。

脉冲式油压调节电磁阀用于控制油轨的油压。其检修方法如下：

1）使用万用表测量电磁线圈的电阻（电阻检测值请参照故障机型维修手册标准）。如果电磁阀线圈短路、断路或电阻值不符合技术标准值，则应更换电磁阀。

2）将 24V（或 12V）电源串联一个 8~10W 的灯泡，与电磁阀线圈连接。切记不可直接与 24V 电源连接，否则会烧毁电磁阀。

3）通电时，电磁阀阀芯向外伸出，断电时电磁阀阀芯向内缩入，如图 3-20a 所示。如

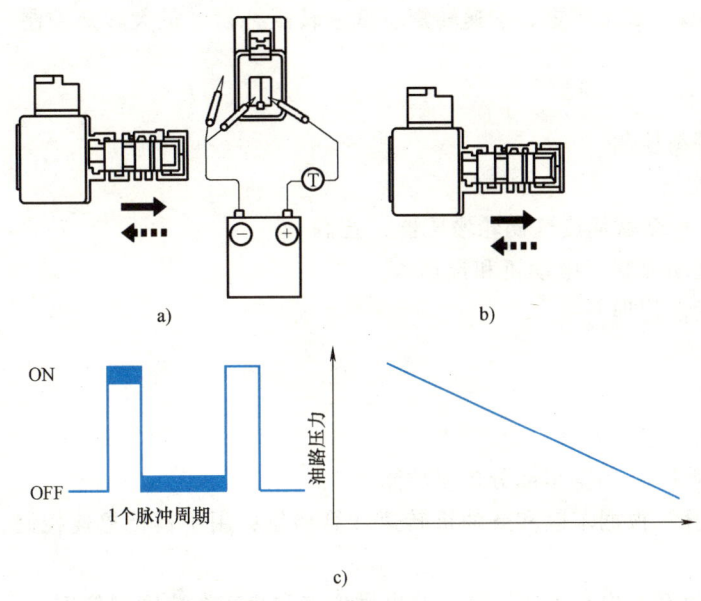

图 3-20 脉冲式电磁阀的检查

a）通电检查 b）可调电源检查 c）脉冲控制信号

有异常，说明电磁阀损坏，应予以更换。

4）可以使用可调电源进行检测，如图 3-20b 所示。

其他电磁阀和电子调速器检修方法与此类似。

## 2.6 ECU

以广西玉柴和山东潍柴的博世共轨系统广泛采用的 EDC7UC31 型的 ECU 为例进行介绍。

### 1. EDC7UC31 型 ECU 的特性参数及优点

（1）特性参数 工作环境：30～105℃，工作电压：24V（9～32V），插接件：141 针脚（16+36+89），尺寸：248mm×206mm×54mm，ECU 壳体要求与车身绝缘良好，ECU 的 8 个固定螺栓转矩为（10±2）N·m。

（2）优点 结构紧凑，兼容性好；低功耗，稳定 I/O 接口；微处理器功能强大，容量大；安装在柴油机上振动小；经过热冲击、低温、防水、化学、盐腐蚀、振动、机械冲击等试验。

### 2. ECU 功能（柴油机部分）

EDC7UC31 型 ECU 的柴油机部分控制功能有：

（1）喷油方式控制 高达 4 次喷射（现只用两次）。

（2）喷油量控制 预喷油量自学习控制。

（3）减速断油控制

（4）喷油正时控制 主喷正时、预喷正时、正时补偿。

（5）共轨压力控制 正常和快速共轨压力控制，共轨压力建立和超压保护。

（6）喷油器泄压控制

（7）共轨压力"跛行回家"控制

（8）转矩控制　瞬态转矩、加速转矩、低速转矩补偿、最大转矩控制、瞬态冒烟控制、增压器保护控制。

（9）过热保护

（10）各缸平衡控制

（11）EGR控制

（12）VGT（可变截面废气涡轮增压器）控制

（13）辅助起动控制（电动机和预热器）

（14）系统状态管理

（15）电源管理

（16）故障诊断

### 3. ECU功能（整车部分）

EDC7UC31型ECU的整车部分控制功能有：

（1）档位计算　根据车速和柴油机转速计算档位；用于挂档急速控制，改善驾驶（操作）性。

（2）车速计算及输出　车速计算及输出供仪表和最高车速限制使用。

（3）急速和驱动急速控制　挂档时柴油机负载加大，采用驱动急速控制可以实现分档控制，此时PID（比例积分微分）参数和指令急速转速均发生变化。

（4）巡航控制　巡航控制暂时不用。

（5）防抖（ASD）控制　防抖控制改善车辆在挂档起步、急加速和急减速过程的平顺性。

（6）空调控制　根据空调器负载调节柴油机急速转速，根据车辆对动力性的需求和柴油机的工作状况对空调器压缩机进行开、关控制。

（7）冷却风扇控制　冷却风扇驱动控制。

（8）故障诊断　在线诊断并储存、输出故障码，具有"跛行回家"功能。

（9）CAN（控制器局域网络）通信　整车其他控制器和仪表之间通信。

（10）离合器开关　离合器开关改善驾驶性。

（11）制动开关

（12）油门合理性判断

### 4. ECU电源电路及搭铁电路检修

（1）ECU常电源缺失　拔掉30A熔断器或该熔断器被烧毁，ECU无常电源供电，柴油机将不能起动，这时，连接诊断仪与柴油机无法通信，即不能进入，故障指示灯不亮，拔掉冷却液温度传感器（或其他有源传感器）插接器，无电压显示。

（2）ECU缺失ON/ST电源　拔掉未定义熔断器或该熔断器被烧毁，ECU接收不到起动开关ON信号，柴油机将不能起动，这时，插接诊断仪与柴油机无法通信，即不能进入，故障指示灯不亮，拔掉冷却液温度传感器（或其他有源传感器）插接器，无电压显示。

（3）ECU安装位置　电控柴油机ECU的安装位置视机型不同有所不同，有的安装在驾驶室内，有的安装在柴油机舱内，有的直接安装在柴油机机体上。

玉柴及潍柴许多机型的国Ⅲ柴油机将ECU直接安装在柴油机机体上，其优点是ECU与传感器及执行器的连接线距离大大缩短，传感器输入ECU信号的衰减及ECU控制执行器的速度很大程度上得到改善；缺点是容易引起温度过高。因此，需要采取降温措施，广泛采用了燃油冷却的方式，即ECU安装的支架带有燃油冷却盒。

**5. 故障诊断电路**

电控柴油机故障诊断电路如图3-21所示。当打开起动开关时，故障指示灯亮一下后熄灭，如果电控系统有故障，故障指示灯会再次亮，提醒驾驶人车辆存在故障。通过诊断插座，连接诊断仪可以从柴油机ECU读取相关故障信息，也可以使用故障读取开关读取相关故障信息，指导维修人员进行维修。

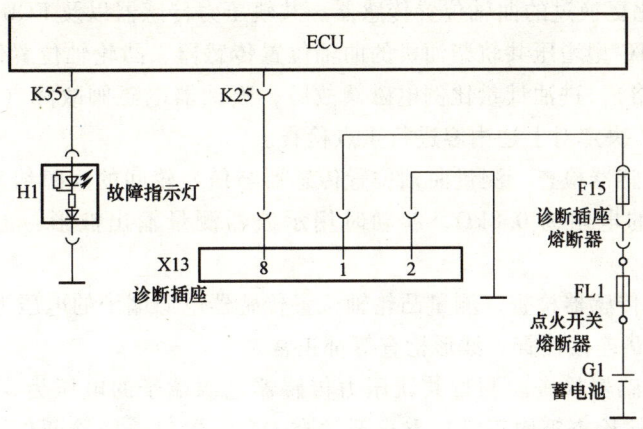

图3-21　电控柴油机故障诊断电路

## 3　执行工作任务、检查工作质量

### 3.1　哈弗GW2.8TC型共轨柴油机不能起动故障原因与排除

**案例**　一辆2007款后轮驱动的长城哈弗CUV（混合型多用途车），行驶里程约4万km，搭载GW2.8TC型增压共轨柴油机、5速手动变速器。因事故使油底壳撞碎，造成划瓦故障。在某保险公司定点修理厂修复后，柴油机始终起动不了。

（1）故障诊断与排除　GW2.8TC型柴油机采用了博世公司的CRS2.0（第二代）高压共轨式供油系统，系统的最大供油压力为145MPa，供油过程由博世EDCl6C39型ECU进行控制。GW2.8TC型柴油机电控系统主要由各种传感器、ECU、执行器及连接线束等组成。ECU根据加速踏板位置传感器、空气流量传感器、凸轮轴位置传感器、曲轴位置传感器等的信号，确定共轨内的燃油压力，ECU通过占空比信号控制高压油泵上的进油计量比例电磁阀，实现所需的共轨压力，再根据共轨压力传感器的信号，实现对进油计量比例电磁阀的反馈控制，从而实现共轨压力的闭环控制。通过喷油器上的电磁阀可控制供油提前角、供油量和供油规律。在电控高压共轨系统中，高压油泵是独立的燃油压力源，ECU除了直接控制供油系统内的有关执行器外，还控制EGR装置、预热塞、空调、电风扇等与柴油机工作有关的其他装置的工作。

接收该车后，试车，无起动迹象。用元征X-431故障诊断仪（V50程序）读取故障码，无故障码。

GW2.8TC 型增压共轨柴油机不能起动故障可能的原因有：防盗系统故障，电源电压不正确，主继电器不能闭合，熔丝、导线连接或插头不良，配气正时不正确，曲轴位置传感器损坏，凸轮轴位置传感器损坏，共轨压力传感器损坏，没有燃油或燃油品质不正确，燃油系统有空气，低压油路堵塞或漏气，预热电路（冬季）故障，高压油泵或进油计量比例电磁阀故障（不能建立高压），ECU 故障，喷油器电磁阀故障。据原维修该车的技师介绍，他们已经仔细检查过防盗、主继电器、相关的传感器及执行器的插头连接、油路放气、燃油品质、配气相位、凸轮轴位置传感器、喷油器电磁阀及 ECU 的电源电路及搭铁电路等，均未发现故障；同时对比更换过的曲轴位置传感器、共轨压力传感器以及 ECU，但是故障依旧。

考虑到 GW2.8TC 型增压共轨柴油机的曲轴位置传感器、凸轮轴位置传感器及共轨压力传感器故障（如断路），进油计量比例电磁阀故障，喷油器电磁阀故障（两个以上），柴油机是不可能起动的，决定对上述内容进行重点检查。

1）曲轴位置传感器检查。测量曲轴位置传感器与信号轮间的间隙约为 1.3mm，曲轴位置传感器信号线圈的电阻为 0.8kΩ，起动时用示波器测量输出波形，上述检查都未发现异常。

2）凸轮轴位置传感器检查。测量凸轮轴位置传感器电源端子的电压为 4.9V，信号及搭铁电路、与 ECU 电路连接检查、波形检查等都正常。

3）共轨压力传感器检查。测量共轨压力传感器电源端子的电压为 5V，信号及搭铁电路、与 ECU 电路连接检查等均正常；点火开关在 ON 位置时，用诊断仪读数据流，共轨压力传感器输出的信号电压值为 0.5V，正常，起动时共轨压力超过 20MPa，也正常。

4）进油计量比例电磁阀检查。测量进油计量比例电磁阀的电阻值为 2.5Ω，与 ECU 电路连接检查等也正常。

5）喷油器电磁阀检查。测量 4 个喷油器电磁阀的电阻值，在 0.3~0.41Ω 范围内，与 ECU 电路连接检查等也正常。用试灯的两个端子分别插在喷油器电磁阀线束侧的端子上，起动柴油机，试灯时亮时灭，说明喷油器控制电路正常，起动时喷油器回油管回油正常，上述检查说明喷油器起动时应该能喷油。

上述检查，说明几个重要的传感器及执行器应该正常，而 ECU 已排除过故障，同时说明起动时喷油器应该可以喷油，为何柴油机仍不能起动？怀疑是正时不对。经仔细检查正时记号，正确。用测量气缸压力方法来验证，也正常，说明配气正时也正常。

检查至此，未发现故障原因。但是凭经验，仍然怀疑是重要的传感器及执行器故障造成的。是否是飞轮与曲轴的安装位置错误，导致曲轴位置传感器给 ECU 输入了错误的曲轴位置信号？拆下传动轴、变速器和离合器等，使柴油机 1 缸处于上止点位置（可通过观察曲轴前端的带轮记号确定），发现"T"装配记号不在正上方位置（顺时针偏离大约 30°曲轴转角），按记号装配好飞轮及离合器、变速器、传动轴后，起动柴油机，柴油机顺利起动。

（2）维修小结　当飞轮与曲轴的安装位置错误时，飞轮上的曲轴位置传感器信号轮与曲轴的对应关系也肯定错误，因此，曲轴位置传感器给 ECU 输入了错误的曲轴位置信号，因而不能确定正确的喷射基准时刻，柴油机无法起动。同时，由于曲轴位置传感器的线圈及电路正常，因此，用单通道的示波器进行波形检测正常并且无故障码输出。

该故障十分特殊，在其他车型电控柴油机上不可能发生。原因是 GW2.8TC 型增压共轨柴油机的原机采用的是仿五十铃公司的 4JB1 柴油机，而 4JB1 柴油机并不是电控柴油机，飞轮与曲轴的安装无定位要求。其他车型的电控柴油机飞轮与曲轴之间的安装已全部采用了自动定位方式。为了从根本上避免飞轮与曲轴可能的安装错误，建议厂家考虑飞轮与曲轴之间采用定位销或不等距螺栓孔的自动定位方式。最后需要说明的是：该车故障排除走了不少弯路，假设有双通道（或更多通道）的示波器，同时检测曲轴位置传感器及凸轮轴位置传感器的波形，通过观察两波形的相对位置，可以马上发现故障的原因。

## 3.2 正时带的更换和校正

**1. 项目说明**

以长城哈弗汽车 GW2.8TC 型燃油共轨柴油机为例，更换正时带和进行校正。

**2. 技术标准和要求**

每位学员能独立完成此项目。

**3. 设备器材**

1）长城哈弗汽车 GW2.8TC 型燃油共轨柴油机 1 台。
2）套筒工具一整套。
3）一字螺钉旋具、十字螺钉旋具、钳子、锤子、风炮、撬棍各 1 把。
4）呆扳手和梅花扳手各 1 套。
5）专用诊断仪 KT600 1 台。
6）砝码 1 套。

**4. 作业准备**

1）备齐所需拆装工具。
2）做好拆装前安全措施。

**5. 正时系统部件**（见图 3-22）

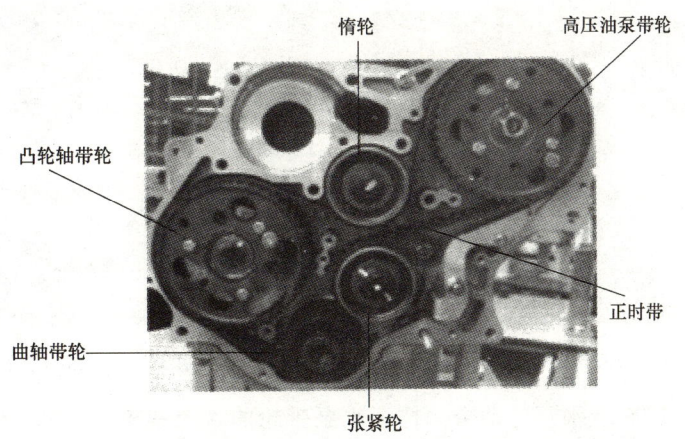

图 3-22 正时系统部件

**6. 拆卸步骤**

1）断开蓄电池负极接线柱。
2）将 4 个发动机下挡板螺栓拧下，拆下发动机下挡板。
3）拧下散热器放水螺栓，放净散热器内的冷却液。
4）拆下散热器及电子扇总成。

5）拆下助力泵、空压机传动带。

6）松开2个发电机紧固螺母（M10），如图3-23所示。

7）拧松张紧块固定螺栓（M8×35mm），如图3-24所示。

图3-23　发电机紧固螺母

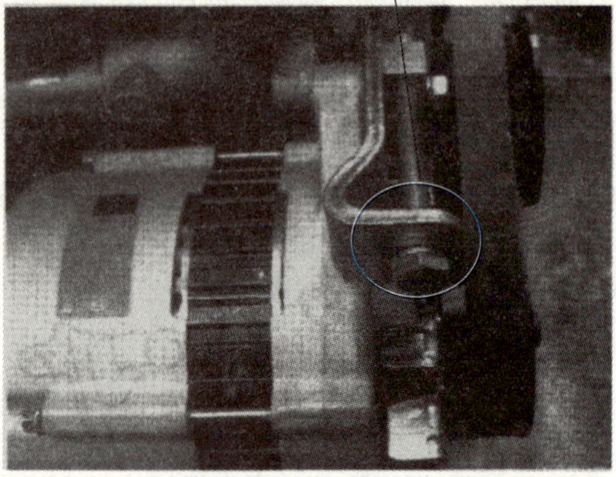

图3-24　张紧块固定螺栓

8）拧松传动带张紧轮螺栓（M8×100mm），直到水泵传动带完全松开为止，如图3-25所示。

9）取下发动机发电机/水泵传动带。

10）断开凸轮轴相位传感器插头，如图3-26所示。

图3-25　水泵传动带

图3-26　凸轮轴相位传感器

11）拆下水泵带轮及水泵传动带，拧下水泵带轮的4个螺栓（M6×16mm），将其与水泵传动带一同取下。

12）拆下减振带轮，挂上档位，用撬棍将整车传动轴万向节卡住，将减振带轮螺栓（M16）拧下，然后将减振带轮拆下，如图3-27所示。

13）拆下检视盖总成。将6个检视盖总成螺栓取下，然后将检视盖总成取下，如图3-28所示。

14）拆下水泵带轮盖总成。

图 3-27 减振带轮    图 3-28 水泵带轮盖及检视盖总成

15) 旋转曲轴, 使 1 缸位于压缩上止点, 这时的正时标记应如图 3-29 所示对齐, 将正时工艺螺栓安装到位。

16) 拧紧张紧轮固定螺栓, 然后松开图 3-30 所示的齿带张紧轮固定螺栓, 取下正时带。

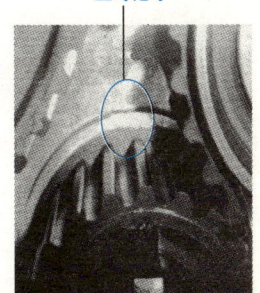

图 3-29 正时标记    图 3-30 张紧轮固定螺栓

### 7. 安装方法

1) 对准正时。确保正时工艺螺栓安装到位, 正时记号如图 3-31 所示对齐。

图 3-31 对准正时

2）安装正时带。从曲轴正时带轮开始顺时针进行安装，如图3-32所示。

图 3-32　安装正时带

3）将砝码用挂钩挂在齿带张紧拉杆上端的孔内以拉紧正时带，如图3-33所示。

图 3-33　砝码

**8. 正时带的拆装与校正注意事项**

1）砝码悬挂时位置要垂直，悬挂钢丝不能与整车干涉。
2）原机旧正时带张紧使用8.3kg的砝码。
3）更换新的正时带使用（14.2±0.1）kg的砝码。
4）拧紧张紧轮固定螺栓，力矩为（110±10）N·m。
5）沿顺时针方向旋转曲轴720°，拧紧张紧轮固定螺栓。
6）再次拧紧张紧轮固定螺栓，力矩为（110±10）N·m。
7）取下齿带张紧拉杆上的砝码。
8）将齿带张紧拉杆固定螺栓组合件和固定螺母拧紧。
9）用棉布蘸少量汽油将张紧轮螺栓及张紧轮端面的原油漆笔记号擦掉，重新用黄色油漆笔做好标记。
10）安装水泵带轮盖总成。
11）将凸轮轴相位传感器插头插到位。
12）安装检视盖总成。

13)安装水泵带轮、减振带轮并张紧传动带。

14)张紧助力泵、空压机传动带。

15)安装散热器、电子扇总成。

16)安装发动机下挡板。

17)连接蓄电池负极接线柱。

18)着车检查。起动车辆运转5min,检查水泵周围有无漏水现象;检查发动机有无异响等问题。

## 4 拓展任务

### 长城风骏GW2.8TC型共轨柴油机不能起动故障原因与排除

**案例** 一辆长城风骏GW2.8TC型汽车行驶过程中发动机熄火,然后无法起动。

(1)故障诊断与排除

1)经与用户了解,近期此车出现加速无力的现象,于是怀疑因油品问题导致无法建立轨压使发动机无法起动。起动时使用诊断仪读取轨压为0.2MPa。拆开燃油滤清器出油管,检查燃油发现燃油呈黑红色,确定为劣质燃油。

2)对高压油泵、燃油管路、油箱进行清洗,更换燃油滤芯,发动机仍无法起动。

3)检查进油计量阀。在点火开关置于ON位置时,该阀没有振动,怀疑进油计量阀损坏,更换新的进油计量阀后故障依旧。使用诊断仪显示故障码为:P0087——燃油压力低于最小限值,P0251——油量控制单元控制线路断路。

4)检查进油计量阀线束。在点火开关置于ON位置时,没有输出电压(正常时应该有脉冲电压)。

5)对进油计量阀相关线束进行检查。当检查ECU插头时发现ECU附近地毯很潮湿,拔下ECU插头,ECU针脚受潮腐蚀,其中一个针脚已经断裂。

6)更换ECU,清理发动机线束的ECU插头,发动机顺利起动。更换合格燃油,发动机加速性能恢复。

(2)原因分析

1)低压油路堵塞、漏气导致燃油无法进入高压油泵。

2)高压油泵、喷油器故障。

3)曲轴位置传感器、凸轮轴位置传感器、进油计量比例阀及相关线束故障。

4)ECU电源、搭铁线束断路或ECU本身损坏。

5)正时带跳齿导致发动机机械系统故障。

(3)事后总结 此车经常在工地使用,使用环境比较恶劣,并且用户对车辆的维护保养意识较差。用户在近期洗车过程中因车门未关严导致驾驶室进水,ECU因使用环境潮湿而损坏造成发动机无法起动。加速无力是由于用户使用劣质燃油造成的,对低压油路及高压油路进行清洗更换合格燃油可排除故障。对GW2.8TC型发动机无法起动故障进行排除,应首先读取故障码,并读取起动轨压,否则会走很多弯路。

## 学习任务单3

| 学校名称 | | 任课教师 | |
|---|---|---|---|
| 班级 | | 学生姓名 | |
| 学习任务 | | 电控柴油机无法起动的故障检修 | |
| 学习情境 | | 学习时间 | |
| 工作任务 | | 学习地点 | |
| 课前预习 | 1. 列举电控柴油机共轨发动机无法起动的第一级故障原因。<br><br>2. 电控柴油机燃油供给系统低压、高压油路由哪些部分组成？高压、低压油路的作用是什么？<br><br>3. 根据下图标注1、2、3、4、5、6、7的名称，并简述2、3、4、6的作用。<br><br>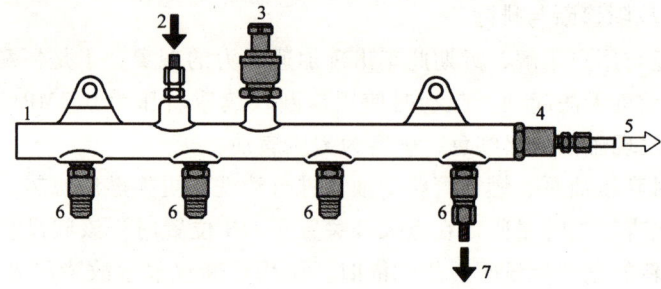 | | |
| 课堂学习 | 4. 画出曲轴位置和凸轮轴位置传感器电路图。<br><br>5. 分析曲轴位置和凸轮轴位置传感器失效的影响。<br><br>6. 简述曲轴位置和凸轮轴位置传感器失效的影响和故障检测方法。<br><br>7. 简述博世共轨系统压力调节阀的工作原理。<br><br>8. 简述进油计量比例阀失效的影响以及检测方法。<br><br>9. 长城汽车GW2.8TC型柴油机无法起动的原因有哪些？如何进行检测和诊断排除？画出诊断流程图 | | |
| 课后复习 | | | |
| 备注 | | | |

# 学习任务 4　柴油机动力不足且故障指示灯亮起的故障检修

### 任务目标

1）能对柴油机动力不足的故障进行分析和诊断。
2）会诊断和查找柴油机动力不足的故障原因，并进行维修。
3）掌握柴油机动力不足的诊断思路和步骤。
4）掌握相关器件和装置的工作原理。
5）掌握相关器件和装置的检测方法。

## 1　客户报修：柴油机动力不足且故障指示灯亮起

### 1.1　任务描述

一辆长城风骏 5 柴油汽车出现动力不足现象，伴随加速无力，且仪表上的故障指示灯亮起。车主要求排除这个故障。

### 1.2　工作流程

故障受理接待→直观检查、接车→接受客户委托→试车→车辆信息查询→技术支持信息系统查询→检查记录→劳动安全、环境保护规定查询→故障诊断、测量→备件→修理→维修质量检验→交车。

### 1.3　资讯导读

动力不足是汽车常见故障之一。特别容易出现在使用年限较长，不按照规定进行维护保养或者有故障的车辆上。柴油机动力不足不仅与机械、喷油量、时刻、进气效率有关，在电控柴油机中，还和很多传感器信号、执行机构的状况以及电控系统的控制程序有很大关系，例如，电控系统过热保护、失效保护均会使柴油机表现出动力不足的现象，要解决此类问题，应该先了解电控柴油机下面的专业知识：
1）自诊断程序、失效保护模式和跛行回家功能。

2）加速踏板位置传感器。
3）空气流量传感器。
4）共轨压力传感器。
5）柴油机的氧传感器。
6）冷却液温度传感器。
7）柴油机的 EGR 系统。
8）柴油机增压系统。

除了掌握上述系统的作用、结构和工作原理以外，还应该具有故障分析诊断思路和检测上述器件和装置的能力。

## 2 信息收集

电控柴油机动力不足的故障诊断，除机械系统外，还涉及发动机电控系统的相关装置、器件的知识和诊断方法，电控系统的一些保护程序，因此，学习这些知识对维修此类故障是非常有必要的。

### 2.1 自诊断程序、失效保护模式和跛行回家功能

**1. 发动机自诊断程序**

发动机自诊断系统在发动机起动和运行过程中，或在诊断输入自测试模式时，能够自动检测包括本身在内的发动机电控系统的状况。如果发现问题，ECU 会判断该问题为永久性故障还是间歇性故障，并在其存储器中设置、储存相应的故障码，或同时输出报警信息。

永久性故障是指在系统自测试过程中发现的系统某处出现的故障。间歇性故障表示一个故障发生过（例如：由于连接不良引起间歇性的短路或断路），但是在自测试过程中没有发生。非易失性存储器 RAM（随机存取存储器）会储存间歇性故障码，直到点火开关打开/关闭循环一定的次数（具体次数取决于控制系统的开发商设定）。如果故障在这段时间不再出现，则该间歇性故障将从 ECU 存储器中自动清除，而永久性故障不会被清除。

不同汽车制造商或同一汽车制造商的不同车型，发动机的自诊断程序可能不同，这给维修和管理带来不少麻烦。许多国家或地区都在积极促进这一系统的标准化。如美国规定，自1996 年起在美国销售的汽车，其自诊断系统必须符合 OBD-Ⅱ（On-Board Diagnostic-Ⅱ）标准。OBD-Ⅱ是第二代随车诊断系统的英文缩写，是美国为完善汽车排放的监控，在 20 世纪80 年代初制定的 OBD-Ⅰ基础上进行重大修改而形成的车载诊断系统标准。许多国家或地区已经采用和正在采用这一标准或类似标准。许多汽车制造厂商纷纷改进本厂品牌原有的自诊断系统，使其既满足自身特点又符合 OBD-Ⅱ标准的要求。

对符合 OBD-Ⅱ标准的汽车基本要求是：
1）在位于驾驶人侧的仪表板下面安装有符合 SAE（美国汽车工程师协会的英文缩写）J1962 的 16 端子的诊断插座（DLC）。
2）故障码（TDC）的结构和含义统一并符合 SAE J2012。
3）汽车和诊断仪之间采用符合 SAE J1850 或 ISO9141 标准的通信协议。
4）符合 SAE J2190 标准的诊断测试模式。

5)符合 SAE J1979，适用于各种车型和可以在各种模式下使用的通用诊断仪。

6)汽车信息必须自动传输至诊断仪。

7)已储存的故障码必须能够用诊断仪清除。

8)能够将故障发生时瞬间的工况记录下来并储存到存储器中。

9)只要汽车出现故障并影响到排放，便储存一个故障码。如果汽车排放超过美国联邦测试规范（FTP）排放标准的 1.5 倍，自诊断还需要点亮故障指示灯（MIL）。

10)电控系统的所有部件必须使用符合 SAE J1930 的专业名称、缩写和定义。

为了达到这一标准，许多厂家需要在自己品牌汽车的发动机控制系统中增加和完善一些软件和硬件，如：

1)ECU 具有 16 或 32 位处理器，扩展存储器，以便能够处理 1.5 万个性能的标定常数，增加对影响排放的系统和元件的监控。

2)增加 EEPROM（电可擦可编程只读存储器）或取代 ROM，必要时可以通过 DLC 修改或恢复控制程序和数据。

3)使用高精度的曲轴（凸轮轴）位置传感器，用于监控可能存在的缺火。

4)在三元催化转化器后安装加热型氧传感器，用于监控三元催化转化器的转化效率。

5)在 EGR 排气侧安装压差传感器，增加 EGR 位置传感器等，用于监控 EGR 流量或 EGR 率。

6)通过燃油蒸气流量传感器、清污电磁阀检测燃油蒸气的排放利用情况，改进燃油箱加油口盖检测燃油蒸发的泄漏。

7)同时使用进气歧管绝对压力传感器和空气流量传感器。

8)用顺序燃油喷射代替其他燃油喷射方式。

### 2. 失效保护模式

与汽油机电控系统相似，柴油机的电控系统同样具有失效保护模式（又称为安全保护功能）。

当某一部件或信号出现异常后，将会导致控制单元的运算错误甚至不能进行正常的控制，这将对柴油机的运行构成较大威胁。失效保护模式能有效地保护柴油机不受进一步损害而自动启用若干保护措施。

失效保护是电控系统失效应对策略的一种。如果温度传感器等并非特别重要的传感器的信号受到干扰而失真，发动机控制单元会采取缺损值来取代真实值，使发动机继续运行，且转速和转矩基本正常，驾驶人几乎无法察觉。

若比较重要的传感器（例如轨压传感器、增压压力传感器）电路断路、短路或其他传感器供电异常造成多个传感器信号失常，控制单元会对发动机转速和转矩的上限进行干预，将其限制在一个较低的范围。例如发动机转速不允许超过 1800r/min。

需要指出的是，上述异常必须被控制单元检测并正确识别，失效保护模式才会被启用。

### 3. 保护程序中的跛行回家功能

某些传感器故障导致信号缺失或失常，会使发动机停转，发动机控制单元将启用备用功能，使相关执行器切换到预设的工作模式，以维系发动机的基本运转，这种功能也称为回家功能或跛行功能。

(1)自诊断系统的局限性 不管是 OBD-Ⅱ，还是其他类型的自诊断系统，实际上都只能是有效地监控到ECU（电子）控制的故障，并不能检测所有的发动机电路和机械系统。自诊断系统设置的故障码并不一定表示真实的故障源，多数情况下仅表示故障源与故障码有一定关联。另外，还有自诊断系统检测不到的故障（有故障而无故障码），要诊断其故障源，且必须按照发动机的常规诊断方法或其他专项的检测办法进行。例如：没有气缸漏气的故障码，要检测气缸是否漏气，需要用气缸压力表进行气缸压力测量。

（2）自诊断系统的备用功能　备用系统存在于ECU内部，并列于主控系统的另一套集成电路及控制软件，由自诊断系统控制开启。即当诊断程序检测到可能中断发动机工作的故障时，便会将程序切换到备用系统，由备用系统来控制发动机的运行。同时使仪表上的MIL灯亮。因备用系统在软、硬件和控制功能上相对于主控系统简单，这就使得电控系统中的执行器只能在备用系统的预设参数控制下维系工作，虽然发动机工作状态不再正常，但不至于熄火，所以这一功能又称为回家功能或跛行功能。

### 2.2　加速踏板位置传感器

电控柴油机已普遍采用了加速踏板位置传感器（Accelerate Point Sensor，APPS），该器件能将驾驶人的意图送给ECU。常见的加速踏板位置传感器有双电位计式、带有冗余的双电位计式、霍尔效应式、带急速触点单电位计式等。

**1. 加速踏板位置传感器的作用**

加速踏板位置传感器一般安装在加速踏板上，如图4-1所示。

当驾驶人加速时踩下加速踏板，踏板位置传感器就将感知的信号通过电缆传递给ECU，ECU经过分析、判断，并发出指令来控制供（喷）油量的执行元件来控制循环供（喷）油量以实现不同负荷和工况下都能接近14.7:1的理论空燃比状态，使燃料能充分燃烧。

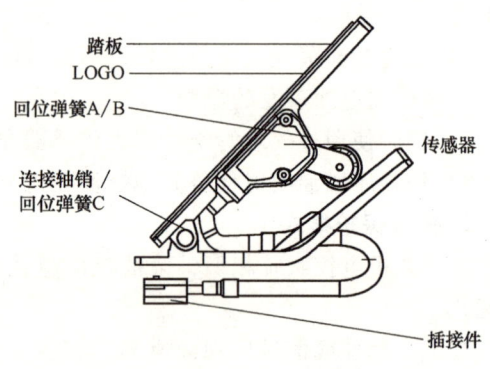

图4-1　加速踏板位置传感器的安装位置图

**2. 双电位计型加速踏板位置传感器的工作原理**

双电位计型加速踏板位置传感器以分压电路原理工作，ECU供给传感器电路5V电压。电子加速踏板通过转轴与传感器内部的滑动变阻器的电刷连接，当加速踏板位置传感器的位置改变时，电刷与搭铁端的电压发生改变，ECU将该电压转变成加速踏板的位置信号。加速踏板位置传感器同时输出两组信号给ECU，保证输出信号的可靠性。

长城汽车GW2.8TC型柴油机采用了双电位计型加速踏板位置传感器，其插头端子如图4-2所示。

### 2.3　空气流量传感器MAF（Mass Air Flow）

**1. 空气流量传感器的作用**

与汽油机一样，柴油机的空气流量传感器也是用于测量进气量的，ECU根据进气量来计算喷油量和EGR率。

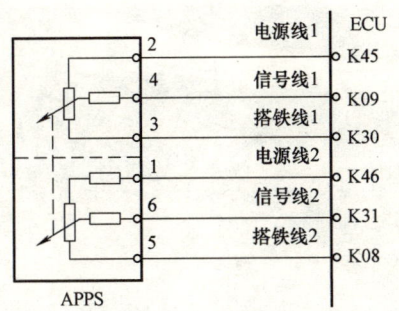 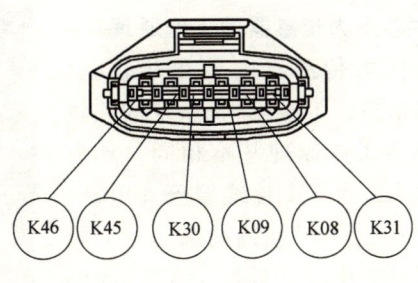

图 4-2　长城汽车 GW2.8TC 型柴油机加速踏板位置传感器插头端子

### 2. 空气流量传感器的工作原理

为了获得空气流量，传感器元件上的传感器热膜片（发热金属铂丝固定在薄树脂上构成）被中间安装的加热电阻加热，膜片上的温度分配被与加热电阻平行安装的两个温度电阻测量。通过传感器的气流改变膜片上的温度分配，从而使两个温度电阻的电阻值产生差异，由此对 ECU 输出一个变化的电压信号，ECU 根据此信号计算出进气质量。

部分乘用车共轨柴油机（如长城汽车 GW2.8TC 型柴油机采用了旁通阀式废气涡轮增压器）采用了带进气温度传感器的空气流量传感器，安装在增压器进气涡轮侧前方，而取消了增压压力传感器及进气温度传感器。空气流量传感器的结构与工作原理与电控汽油机的完全相同。长城汽车 GW2.8TC 型柴油机的 HFM5 空气流量传感器内部电路如图 4-3 所示。

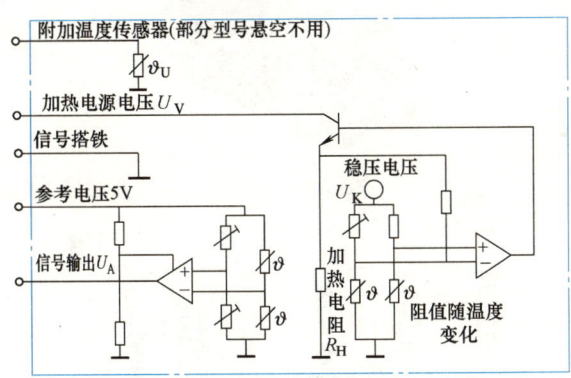

图 4-3　长城汽车 GW2.8TC 型柴油机的 HFM5 空气流量传感器内部电路

但是部分乘用车共轨柴油机采用可变截面增压器（VGT），必须加装增压压力传感器，才可实现对增压压力的闭环控制。设置增压压力传感器的目的之一是实现对增压压力的闭环控制。D4EA 柴油机的空气流量传感器外观如图 4-4 所示。

## 2.4　共轨压力传感器

共轨压力传感器（Common Rail Pressure Sensor，CRPS）是许多采用歧管喷射的电控汽油机所没有的，却是共轨柴油机所必需的。共轨压力是柴油机共轨系统的重要参数，目前，国Ⅲ柴油机共轨系统的共轨压力是实时变化的，喷油量与共轨压力直接相关。

### 1. 共轨压力传感器的作用

共轨压力传感器的作用是以足够的精度，在相应较短的时间内测定共轨中的实时压力，并向 ECU 提供电压信号。

### 2. 共轨压力传感器的工作原理

共轨压力传感器安装在共轨上。博世、德尔福、Denso 共轨系统的共轨压力传感器工作原理基本相同，均为压敏电阻式，有 3 个接线端子（电源、搭铁、信号）。当共轨内的燃油压力导致膜片形状变化时（近似于在 150MPa 时 1mm），连接于膜片的电阻值也将改变。改变的电阻值将引起通过 5V 电桥（惠斯顿电桥）的输出端的电压变化，根据燃油压力的不同，电压在 0 ~ 70mV 变化，并由求值电路放大到 0.5 ~ 4.5V，ECU 便根据此电压计算当前的共轨压力。

图 4-4 D4EA 柴油机的空气流量传感器外观

### 3. 共轨压力传感器的结构

下面以长城汽车 GW2.8TC 型柴油机（采用博世共轨控制系统）为例进行分析。

共轨压力传感器的安装位置如图 4-5 所示，结构示意图及内部电路如图 4-6 所示。

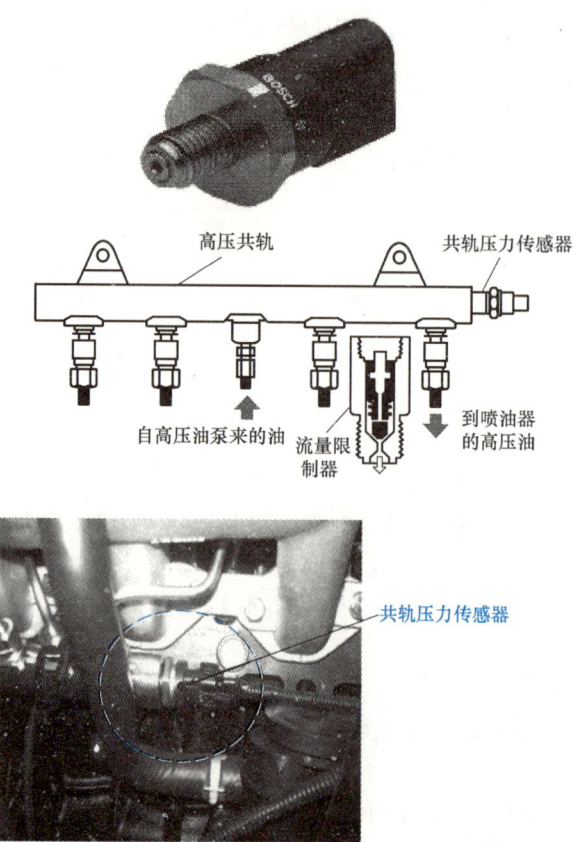

图 4-5 共轨压力传感器的安装位置

共轨压力传感器由焊接在压力装置上的集成的传感器部件、装有电子检测回路的印刷电路板、装有电子插入式连线的传感器外壳等组成。

### 4. 共轨压力传感器的工作过程

燃油通过共轨上的一个小孔流向共轨压力传感器，有压力的燃油通过一个不通孔到达传感器膜片。一个将压力信号转换为电信号的传感器部件（半导体装置）安装在此膜片上，传感器产生的信号被输入一个用于放大拾取信号并将它送入 ECU 的检测回路。

### 5. 共轨压力传感器的闭环控制

通过设置共轨压力传感器可以实现对燃油压力的闭环控制。ECU 根据发动机当前工况下相关传感器输入的信号，计算出理论所需要的轨压，通过调节进油计量比例阀的开度来实现轨压控制，并依靠共轨压力传感器检测当前实际轨压，将其与理论轨压进行对比修正，实现闭环控制。

## 2.5 氧传感器

氧传感器即时探测发动机排气中氧含量，其信号用来间接判断发动机工作过程中 ECU 控制的供油系统供给发动机的油量是否合适。如果油量不合适，ECU 就会马上对发动机的供油量进行调整，以达到燃烧最充分、动力最强劲、排放污染最少的要求。

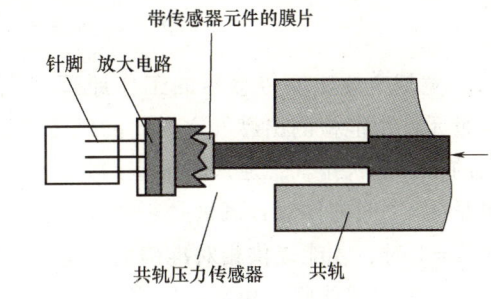
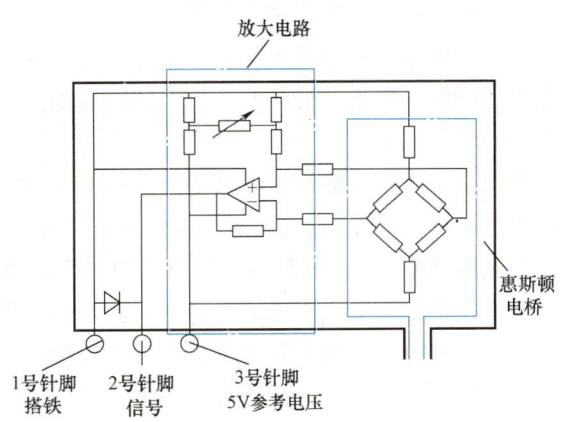

图 4-6 共轨压力传感器结构示意图及内部电路

### 1. 氧传感器的作用

氧传感器用于检测排放的废气中氧的含量，并将其转换成电信号，向 ECU 发出反馈信号，再由 ECU 控制喷油器喷油量的增减，从而对混合气的空燃比进行精确的控制，改善燃烧过程，达到降低排放污染，减少油耗的目的。

### 2. 氧传感器的安装位置

氧传感器安装在汽车排气管上，直接与排气管中的废气接触。

### 3. 氧传感器的结构与工作原理

测定排放废气中的氧含量是辨别混合气空燃比 α 的主要依据。当前，在发动机控制系统中，广泛采用以氧化锆（$ZrO_2$）金属陶瓷制作的氧传感器来实现空燃比的闭环控制，以确保三元催化转化器的有效工作。表征空燃比的过量空气系数用 λ 表示，因此氧化锆传感器简称为 λ 传感器。

（1）宽域空燃比氧传感器的结构　用于柴油机的宽域空燃比氧传感器的结构如图 4-7 所示，主要由测量元件、双层保护管、密封环、密封填料、外壳、防护套、接线柱、特氟隆套管等零件组成。

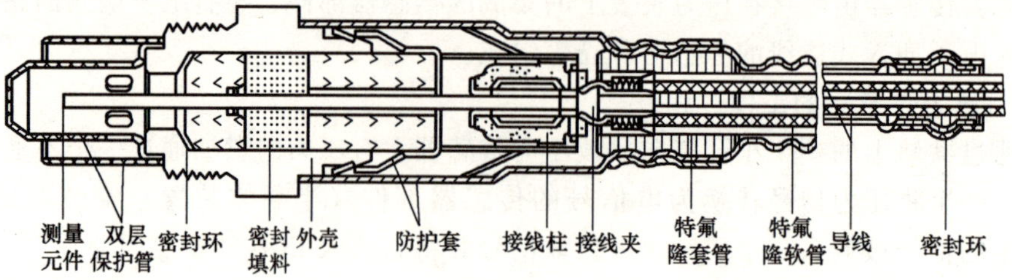

图 4-7 用于柴油机的宽域空燃比氧传感器的结构

（2）宽域空燃比氧传感器的工作原理　宽域空燃比氧传感器的工作原理如图 4-8a 所示。测量元件由能检测出燃气空燃比的氧传感器膜片和检测临界电流的泵氧膜片组成。通入检测室的是柴油机排气，通入基准室的是外界空气，氧传感器膜片的作用是提供一个被测气体含氧量 $\lambda=1$ 时的排气含氧量是否相等的判断，由于氧化锆的特性只有当被测气体的氧含量接近 $\lambda=1$ 时，才能提供相对准确的数据。另外，泵氧膜片是由氧化锆材料制成的，但其功能正好与氧传感器膜片相反，即当有电流通过时，就会有氧分子顺着与电流相反的方向由膜片的一侧移向另一侧，完成泵氧功能。这样，只要利用氧传感器膜片的输出电压对泵氧膜片的功能进行控制，就能使检测室内的排气含量由原来状态迅速变为 $\lambda=1$ 的水平，而根据达到上述目的所需电流方向与大小，即能间接确定柴油机排气中的氧含量并进一步推算出缸内混合气的空燃比。

宽域空燃比氧传感器的输出特性如图 4-8b 所示，表征泵氧电流随混合气含量的变化关系。由图可见，当 $\lambda=1$ 时泵氧电流为零；在稀混合气区域（$\lambda>1$），泵氧电流为正；在浓混合气区域（$\lambda<1$），泵氧电流为负，但特性曲线在两个区域内的斜率明显不同，而柴油机基本上是在稀混合气区域内运行，这时的输出特性比较理想。因此，这种宽域空燃比氧传感器适用于在电控柴油机上对喷油量进行闭环控制，即以实测排气中的氧含量和进气流量确定的实际喷油量作为反馈信号，对程序预设的喷油量进行校正，以达到优化燃烧、降低排放的目的。

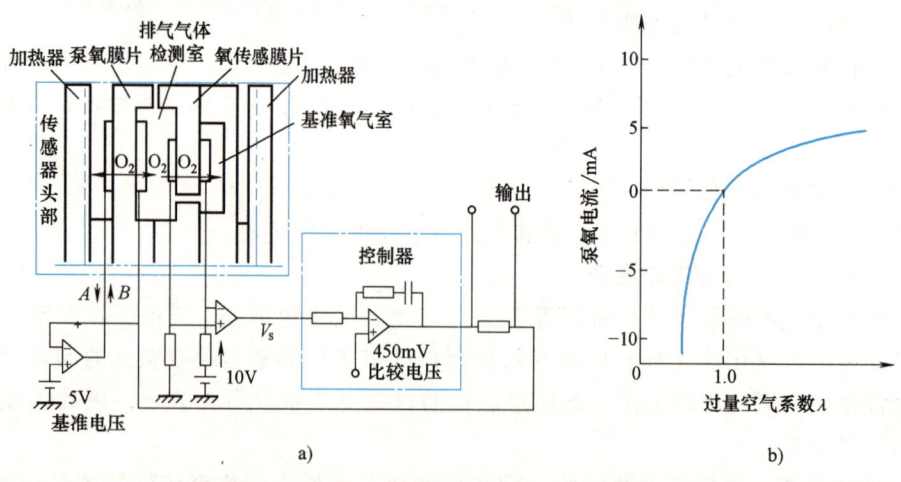

图 4-8　宽域空燃比氧传感器的工作原理与输出特性
a）工作原理　b）电流输出特性

空燃比氧传感器的控制电路如图4-9所示。

## 2.6 冷却液温度传感器（ECT）

### 1. 冷却液温度传感器的作用

冷却液温度传感器的作用是测量冷却液温度，用于冷起动、风扇控制、目标怠速计算等，同时还用于修正喷油量、喷油提前角、最大功率保护等。

### 2. 冷却液温度传感器的工作原理

电控柴油机用温度类传感器几乎都采用了负温度系数热敏电阻式传感器，其工作原理完全相同。

冷却液温度的变化引起电阻值的变化（具体关系如图4-10所示，冷却液温度越低电阻值越大，冷却液温度越高电阻值越小），系统根据接收到的电阻值计算出当前冷却液温度。

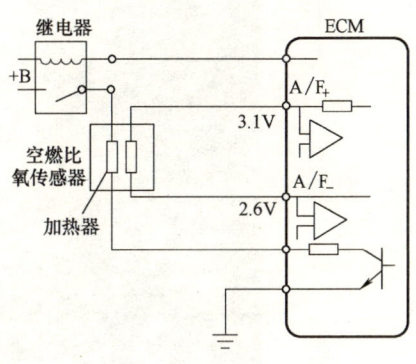

图4-9 空燃比氧传感器的控制电路

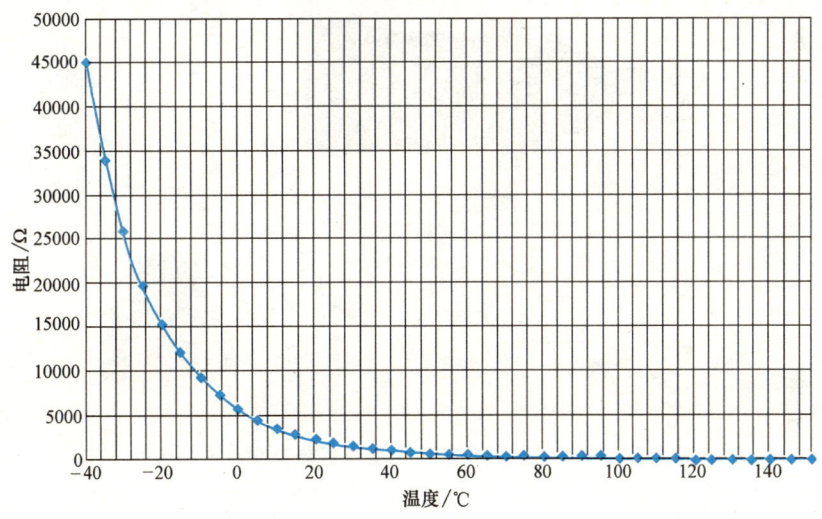

图4-10 Delphi共轨的冷却液温度传感器的信号特征

### 3. 冷却液温度传感器CTS（Coolant Temperature Sensor）的结构

冷却液温度传感器的安装位置如图4-11所示。

博世共轨的冷却液温度传感器外观及内部电路如图4-12所示。

长城汽车GW2.8TC型博世共轨柴油机CTS与ECU的电路连接如图4-13所示。

## 2.7 柴油机的废气再循环系统

废气再循环（Exhaust Gas Recirculation，EGR）系统的作用是把一部分排气引入进气系统，使其和新鲜的可燃混合气一起进入气缸中参与燃烧，以减少$NO_x$的排放。

$NO_x$是燃烧室中的混合气在高温高压和富氧条件燃烧时，混合气中的氮气和氧气（均来源于空气）发生化学反应而产生的。燃烧温度越高，氮气和氧气越容易反应，则排出的$NO_x$越多。

图 4-11 冷却液温度传感器的安装位置

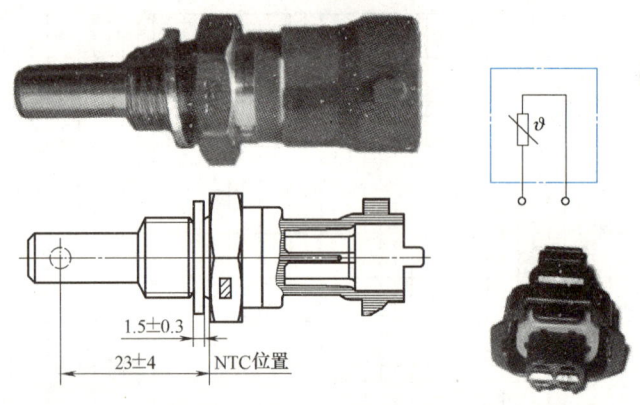

图 4-12 博世共轨的冷却液温度传感器外观及内部电路

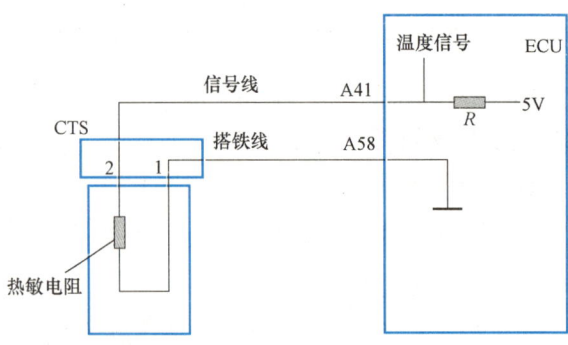

图 4-13 长城汽车 GW2.8TC 型博世共轨柴油机 CTS 与 ECU 的电路连接

通过试验得知，气缸内 $NO_x$ 含量是随着燃烧室温度升高而增大的。这是因为，在高温富氧条件下，氮分子具有更好的活泼性跟氧分子结合，形成各种价态 $NO_x$。因此，在不能改变可燃混合气中氮气和氧气的组分情况下，减少 $NO_x$ 最好的办法就是降低燃烧室的温度。

当 EGR 系统工作时，将一部分废气引入进气系统，与新鲜的可燃混合气混合，使混合气变稀。从燃烧机理上说，废气中含有大量的 $CO_2$ 和水蒸气等燃烧产物，这些气体的性质接近于化学惰性，将其导入气缸后可稀释缸内混合气，氧含量相应降低，从而缓解了激烈的燃烧反应，降低了燃烧速度；$CO_2$ 不能燃烧但能吸收热量，使气缸内温度下降，燃烧温度随之下降，有效地减少了 $NO_x$ 的生成。

电控柴油机的 EGR 系统组成示意图如图 4-14 所示。

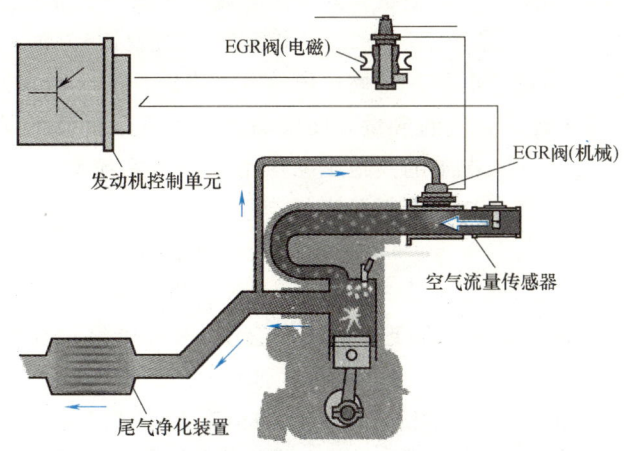

图 4-14　电控柴油机的 EGR 系统组成示意图

EGR 阀在发动机上的安装位置如图 4-15 所示。

图 4-15　EGR 阀在发动机上的安装位置

在 EGR 控制系统中，EGR 阀是关键部件。不同的 EGR 率是通过 EGR 阀的调节来实现的。在电控发动机中广泛采用电子控制 EGR 阀的方法。有的 EGR 系统将 EGR 电磁阀与机械阀合二为一，直接由发动机控制单元控制。

直线型 EGR 阀由 ECU 控制针阀位置，调节从排气进入进气歧管孔口的大小，精确地控制 EGR 率。

EGR 工作期间通过监测针阀位置反馈信号控制针阀位置，并根据冷却液温度、节气门位置和进气流量控制 EGR 针阀的位置。

柴油机与汽油机 EGR 系统工作比较见表 4-1。

表 4-1　柴油机与汽油机 EGR 系统工作比较

| | 柴油机 | 汽油机 |
|---|---|---|
| 急速 | EGR 工作,有废气循环 | EGR 关闭,不起作用 |
| 中小负荷 | EGR 工作,有废气循环 | |
| 全负荷 | EGR 关闭,不起作用 | EGR 不起作用 |

在中小负荷工况下,汽油机和柴油机均允许进行废气再循环;而在全负荷工况,汽油机和柴油机均不允许 EGR 工作。急速工况下,EGR 装置在柴油机与汽油机上的工作情况有所区别,这是因为汽油机在急速工况下对空燃比依然有严格的要求(空燃比约为 11~13),所以禁止 EGR 的工作干预可燃混合气的含量。而柴油机除了在全负荷工况,对空燃比的要求低于汽油机,所以在除全负荷工况下的其他工况均允许 EGR 系统参与工作。

引入进气系统参与再循环燃烧的那部分废气与整个进气量的百分比被定义为 EGR 循环率,简称 EGR 率,公式如下:

EGR 率 = 进入进气管的废气质量/进入气缸的总气体质量 × 100%

增加 EGR 率可以使 $NO_x$ 排出物降低,但同时会使 HC(碳氢化合物)排出物和燃油消耗增加,因此在各种工况采用的 EGR 率必须是对动力性、经济性和排放性能的综合考虑。

试验结果说明:当 EGR 率小于 10% 时,燃油消耗量基本上不增加;当 EGR 率大于 20% 时,发动机燃烧不稳定,工作粗暴,HC 排放物将增加 10%,因此通常将 EGR 率控制在 10%~20% 较合适。

由于再循环的废气会使混合气的着火性能及发动机输出功率下降,油耗和 HC 排放增加,所以,ECU 必须精确控制 EGR 率。一般希望,EGR 率随着油门开度成正比变化,但在发动机冷起动、急速或大负荷时,必须关闭 EGR 循环,才不至于影响发动机性能。

早期的 EGR 系统多为机械式,在冷起动和大负荷工况下锁止 EGR 阀,防止这两种状态下废气参与循环。一些发动机使用专门的排气背压修正阀调整或改变 EGR 阀的开度。但这些装置不能精确地控制 EGR 率,因此,现代电控柴油机均采用了电子控制的 EGR 装置,以期得到精确的 EGR 率和更好的排放指标。

柴油机电控系统对 EGR 系统的控制策略如下:

当急速和低负荷时,$NO_x$ 排放含量低,为了保证稳定燃烧,不进行 EGR。只有在热态下进行 EGR。当发动机温度低时,$NO_x$ 排放含量较低,为了保证正常燃烧,冷机时不进行 EGR。当大负荷、高速时,为了保证发动机有较好的动力性,此时混合气较浓,$NO_x$ 排放生成物较少,可不进行 EGR 或减小 EGR 率。

EGR 量对 $NO_x$ 排放和油耗的影响还受到空燃比、点火提前角等因素的影响。因此在 EGR 率进行控制时,同时对点火等进行综合控制,就能得到较好的发动机性能。

### 2.8　柴油机的增压系统

**1. 概述**

内燃机的功率和转矩大小与进入燃烧室的空气和燃油多少有直接的关系,柴油机也是如此。虽然自然吸气式柴油机没有类似于汽油机节气门的进气节流装置,但其充气效率依然受制于大气压的限制,充气效率依然低于 100%,升功率指标并不显著。因此,以改善充气效率为手段，提升发动机动力为目的进气增压技术得以在柴油机上应用。

**2. 增压的优点**

内燃机的增压装置就是采用一套增压器，对进入气缸前的空气进行预压缩，使空气密度增大，这样，空气进入气缸后，其密度、压强、质量均比在自然吸气条件下增大了。在气缸容积一定的情况下，充气密度越大，新鲜空气的充入量越多；在满足燃油供给的条件下，混合气燃烧爆发推动活塞的力量会更大，因此内燃机能输出更大的功率和转矩。相比于同排量的自然吸气内燃机，增压发动机在最高功率和最大转矩上能有20%～40%的提升量。同时，压缩终了时更高的混合气压强有利于提高燃烧效率，会导致更多的燃气做功转化为机械能，因此，增压发动机的机械效率普遍高于自然吸气式发动机。一台小排量的增压发动机经增压后，其功率和转矩可与一台较大排量的自然吸气式发动机相当。另外，发动机在采用了增压技术后，还能一定程度地提高燃油经济性和降低尾气排放。

**3. 增压装置的种类及工作原理**

进气增压装置最核心的部件是增压器。增压器用于对吸入的空气进行压缩，增压器可以采用曲轴通过传动装置机械驱动，也可采用排气管的炽热废气进行驱动。因此，根据驱动力的不同内燃机的增压装置可分为机械增压装置、废气涡轮增压装置、复合增压装置和电动涡轮增压装置。

（1）机械增压装置 机械增压装置安装在发动机上并由传动带与发动机曲轴相连接，如图4-16所示。

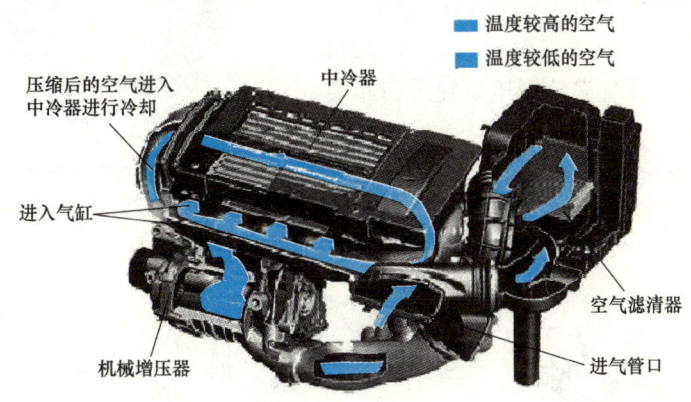

图4-16 机械增压发动机进气示意图

机械增压器的内部结构如图4-17所示。发动机曲轴通过传动带驱动压气机的带轮，带轮通过轴将动力传动到压气机的上转子。在轴上设计有一个主动齿轮，与同齿数的从动齿轮啮合，从动齿轮通过轴连接到压气机下转子。因此，压气机的上、下转子等速反向旋转，转子上的叶片推动空气。空气从图4-18所示的1部分进入，随双转子旋转到2位置，再从3位置排出，实现了将空气增压并推到进气歧管里。

机械增压装置的优点是压气机的转速和发动机转速同步，响应迅速，没有动力滞后的现象，动力输出非常流畅。但是由于受发动机驱动，转速不高，发动机功率提升效果没有废气涡轮增压明显。而且，当机械增压器工作时，消耗了部分发动机的动力，发动机燃料经济性

图 4-17  机械增压器的内部结构

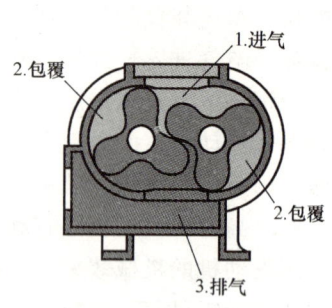

图 4-18  机械增压器的工作原理

会受到一些影响。

（2）废气涡轮增压装置  废气涡轮增压装置是目前在柴油机上应用较多的一类增压装置。该装置是由涡轮室和增压器组成的。废气涡轮增压装置与发动机的连接如图4-19所示。涡轮室的进气口承接的是从气缸内排出的炽热废气，故排气歧管相连，涡流室的排气口接到汽车排气管上，工作后的废气从排气管排出；增压器的进气口与空气滤清器管道相连，吸入新鲜空气，出气口接在进气歧管上。若将废气涡轮增压装置平面布置，则如图4-20所示。

废气涡轮增压装置的结构和工作原理如图4-21a、b所示。

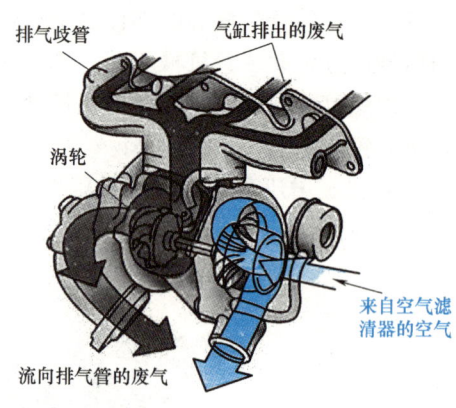

图 4-19  废气涡轮增压装置与发动机的连接

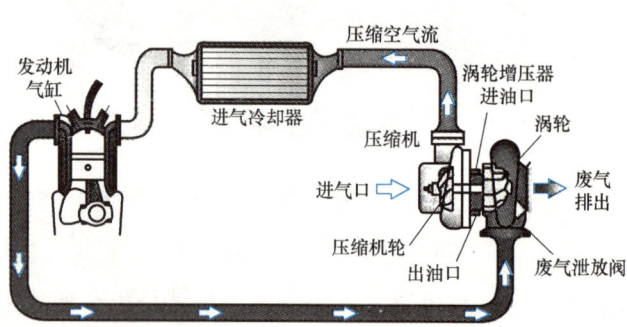

图 4-20  废气涡轮增压装置与发动机连接的平面

由图4-21可知，涡轮室内受废气冲击旋转的涡轮是主动件，通过一根轴刚性连接到增压器内的压气机叶轮，因此，叶轮是从动件，被涡轮带动旋转，与离心式水泵同样的原理，叶轮中央也会产生低压区，吸入新鲜空气，再将空气沿半径方向高速甩出，从而挤压了空气密度，压缩了空气。

可见，涡轮增压装置利用发动机排出的废气惯性冲力来推动涡轮室内的涡轮，涡轮带动

同轴的叶轮，叶轮压送由空气滤清器管道送来的空气，使之增压进入气缸。装置与发动机无任何机械联系，涡轮和叶轮的转速取决于废气的量和冲击速度。当发动机转速增快，废气排出速度与涡轮转速也同步增快，叶轮就压缩更多的空气进入气缸，空气的压力和密度增大可以燃烧更多的燃料，相应增加燃料量就可以增加发动机的输出功率。一般而言，加装废气涡轮增压器后的发动机功率及转矩会增大20%～30%。

废气涡轮增压装置是利用发动机废气的冲击能量工作的，这些废气的能量如果不加以利用也会被排放而白白浪费。废气涡轮增压装置很好地利用了这一部分能量，对发动机经济性能的改善有一定的帮助。

柴油机使用了涡轮增压器后发动机升功率提高，油耗率降低，排污减少，指示功率和有效功率都提高了，也就是提高了机械效率，自然可以明显改善高负荷区运行的经济性。涡轮增压器不仅使功率范围增大，而且高负荷的经济运行范围也扩大了。

采用废气涡轮增压装置对经常满负荷高速运转的重型柴油机汽车十分有利。涡轮增压器由于滞燃期短、压力升高率低，可以使燃烧噪声降低。对于中、轻型载货柴油机汽车及经常处于中等负荷或部分负荷运转的柴油机汽车也是有利的。

由于受炽热废气的冲击，涡轮的工作温度达到600～800℃，如图4-22所示。且在废气的冲击下，涡轮最高转速可以达到100000r/min以上，要比机械增压装置的转子转速高许多。如此高的转速和温度对增压装置的材质、加工精度、润滑和冷却都提出了非常高的要求。

普通的机械滚针或滚珠轴承无法承受如此高的转速，因此涡轮增压器普遍采用全浮动轴承，利用发动机润滑油的压力的支持，使连接涡轮和叶轮的中间轴旋转时"悬浮"在轴承孔内。与此同时，发动机润滑油给予良好的润滑，避免高速条件下的磨损，如图4-23所示。

为了给增压器降温，还导入发动机冷却液来进行冷却。涡轮增压器冷却示意图如图4-24所示。

虽然废气涡轮增压装置有明显的优势，但它也并不是没有缺点的。最明显的是"动力滞后响应"，即踩下加速踏板，涡轮增压发动机动力提升并不是立即响应，动力往往延迟大约1s。

这是因为由于踩下加速踏板虽然加大了发动机的燃油喷射量，然而提升涡轮叶轮转速的废气必须在喷射后的燃烧后才产生，再加上涡轮和叶轮的惯性作用，因此，对进气的大幅度

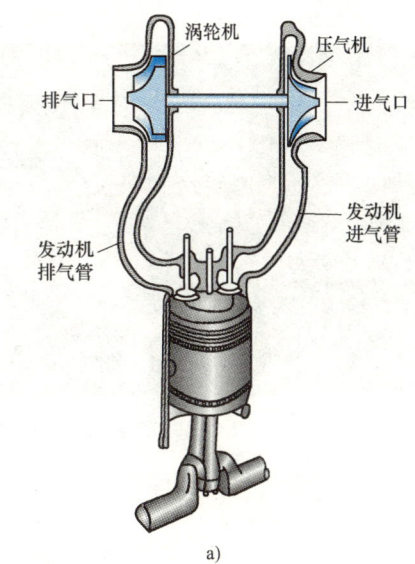

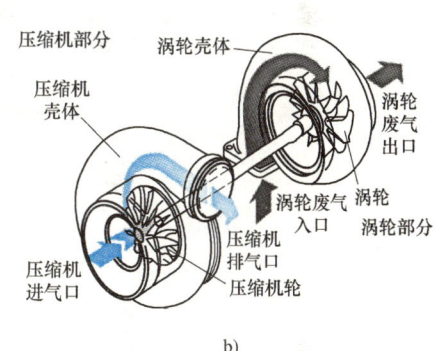

图4-21 废气涡轮增压装置的结构和工作原理

a) 结构 b) 工作原理

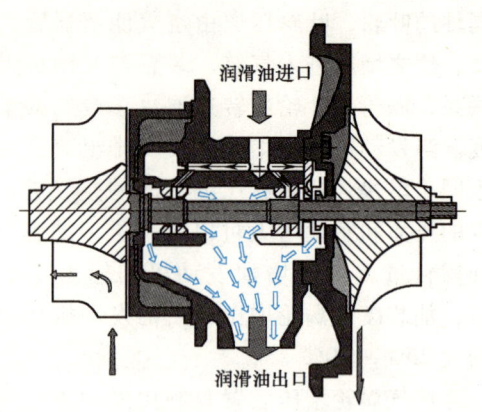

图 4-22　涡轮高温工作状态　　图 4-23　发动机润滑油润滑涡轮增压器示意图

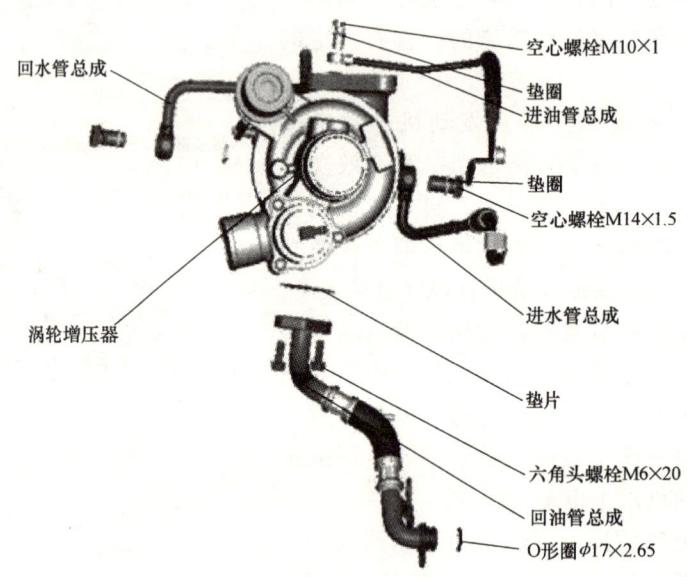

图 4-24　涡轮增压器冷却示意图

压缩必然迟缓于油门一定的时间。而这些压缩后的空气进入气缸参与燃烧后，才能得到大的动力输出。因此，从踩下加速踏板到发动机动力提升，必然存在一个时间迟缓问题，这就是"动力滞后响应"。这对于要急加速起步和超车的汽车而言，驾驶人踩下加速踏板会有发动机动力不上来的感觉。

在低负荷区（例如加速踏板在踩下 1/3 行程范围内，1000~1500r/min 的区域），由于冲击涡轮的废气量和速度有限，涡轮和叶轮转速并不高，增压效果也并不明显，所以增压装置对动力性、经济性没有明显改善，这是涡轮增压装置的缺点之一。

工程师们通过提高加工精度，尽量减小涡轮与涡轮室内壁的间隙，采用新型的刚度大、质量小和耐热性好的材料制作涡轮增压器，使其更加紧凑、体积更小，而且能减少涡轮的"动力滞后响应"时间。

（3）复合增压装置　复合增压装置即在一台发动机上同时采用了废气涡轮增压和机械增压两种增压装置。

机械增压有助于低转速时的扭力输出，但是高转速时功率输出有限；废气涡轮增压装置在高转速时拥有强大的功率输出，但低转速时增压效果不明显。若把两种增压技术结合在一起，取长补短，弥补各自的不足，就可以同时解决低速转矩和高速功率输出的问题，由此有了复合增压装置。

该装置在大功率柴油机上应用比较多。在转速较低时，由机械增压提供大部分的增压压力，在 1500r/min 时，两个增压器同时提供增压压力。随着转速的提高，涡轮增压器能使发动机获得更大的功率，与此同时，机械增压器的增压压力逐渐降低。机械增压装置可以通过电磁离合器控制进行动力切断，在转速超过 3500r/min 时，由涡轮增压器提供所有的增压压力，此时机械增压器在电磁离合器的作用下完全与发动机分离，防止消耗发动机功率。采用了这一系统，其发动机输出功率大、燃油消耗率低、噪声小。与此同时，复合增压装置结构较为复杂，技术含量高，维修保养不容易，在目前条件下尚难以普及。

（4）电动涡轮增压装置　电动涡轮增压装置是采用电动机驱动增压机的叶轮工作的增压装置，其外观如图 4-25 所示。电动涡轮增压装置的原理与废气涡轮增压装置是相同的。所不同的是，带动压气机叶轮旋转的涡轮及涡轮室被一个高速的电动机取代。电动机的控制由发动机控制单元执行。因此，电动涡轮的转速以及工作时刻将由发动机控制单元决定。

此类增压系统将被应用于奥迪的 SQ7 高性能豪华 SUV 轿车上。奥迪公司宣称，该技术不仅能够令油耗降低 7%～20%，并且能够在提升低转矩输出的同时大幅减少增压迟滞。但目前而言，推动电动增压技术普及的障碍在于相对涡轮增压需要额外消耗较大的电力，并且制造成本较高。

图 4-25　电动涡轮增压装置外观

**4. 增压后的中冷装置**

增压后的空气，因增压器叶片对其做功及受到发动机工作时热传递的影响，其内能增加。因此，气体温度会上升至 60～80℃（图 4-26 所示）。升温后的空气体积膨胀，反过来又制约了充气效率，即充入容积一定的气缸后，因为体积膨胀的原因，高温的空气要比温度低的空气质量要少。从这点来说，高温膨胀的空气削弱了增压的效果。为了避免这一负面影响，对增压后的空气进行冷却，使其温度下降、体积收缩，对提升充气效率是非常有必要的。因此，增压柴油机在增压器之后，会设置一个热交换装置来冷却增压后的空气，此装置称为中央冷却系统，简称中冷器。

中冷器一般布置于发动机的前端，利用迎面的外界空气对流对增压后的空气进行冷却降温，如图 4-27 所示。温度下降后，增压空气的密度增大，抵消了体积膨胀，改善了充气效率。

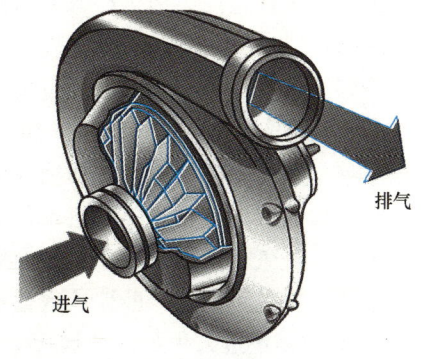

图 4-26　增压后的空气温度变高示意图

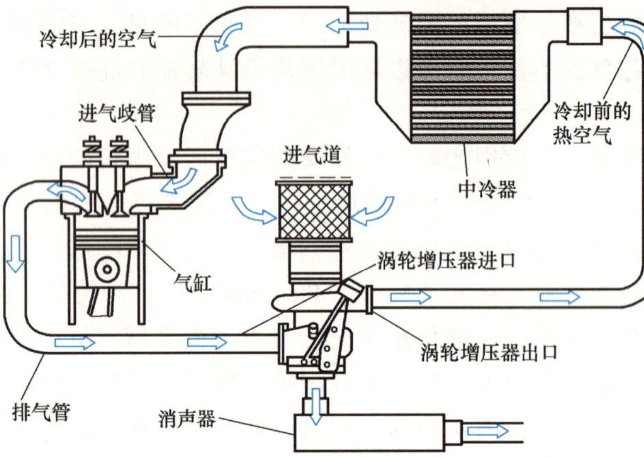

图 4-27 中冷器与涡轮增压装置的连接及布置示意图

## 3 执行工作任务、检查工作质量

### 3.1 故障分析

通过试车确认，该车的传动系统和制动系统没有故障，所以，故障原因应该在发动机上。长城风骏5汽车装备的是长城汽车自主研发的GW2.8TC型高压共轨喷射涡轮增压柴油机，采用博世电控系统。

导致共轨电控柴油机功率不足的原因是多种多样的。分析此类故障，应该从下列三个方面寻找原因：

1) 电控系统热保护导致柴油机功率不足。
2) 电控系统进入失效保护模式（跛行回家）。
3) 机械系统原因。

**1. 电控系统热保护导致柴油机功率不足**

说明：现代电控柴油机已普遍采用热保护装置，当温度超过程序设定的允许值后，发动机ECU会控制喷油器减少喷油量，使柴油机输出转矩减小，功率下降。

冷却液温度过高、进气温度过高、燃油温度过高、冷却液温度传感器线路故障（如断路）、进气温度传感器线路故障（如断路）、燃油温度传感器线路故障（如断路）均会引起电控系统中控制程序的热保护功能被调用，燃油喷射量被限制。

故障诊断方向：检查柴油机冷却系统，检查柴油机进气，检查燃油系统，检查冷却液温度传感器、进气温度传感器、燃油温度传感器本身或线束是否损坏。

上述温度值可通过诊断仪读取数据流获得，断路故障可用万用表测量。

**2. 电控系统进入失效保护模式**

说明：失效保护模式是电控系统特有的一种保护模式，当控制单元检测到某些传感器、开关、执行器信号异常后，会立即进入到失效保护控制模式，发动机控制系统会使喷油器以固定方式喷油或熄火停车。如果是以固定方式喷油，发动机将"带病"运行在非正常工作状态，这种状态也被称为跛行回家。

一般情况下，电控柴油机若出现下列故障，会导致电控系统进入失效保护模式：

1）共轨压力传感器损坏或线路故障。

2）燃油计量阀驱动故障，阀损坏或线路故障；诊断仪显示油门无法达到全开等；高原修正导致共轨压力传感器信号漂移；高压油泵闭环控制类故障。

3）增压压力传感器损坏或线路故障。

4）诊断仪显示凸轮轴位置传感器信号丢失（仅靠曲轴转速传感器信号运行，对起动时间的影响并不明显）。

5）诊断仪显示曲轴位置传感器信号丢失（仅靠凸轮轴位置传感器信号运行，起动时间较长）。

当出现上述故障时，控制单元在内部运行程序的指引下，启用失效保护模式，使发动机进入"跛行回家"状态，保证发动机的基本运行状态，让车辆能行驶到最近的维修点进行维修。

故障诊断方向：对于共轨压力传感器或燃油计量阀故障，如果诊断仪显示共轨压力传感器位于 70.0～76.0MPa，可能为共轨压力传感器或线路损坏。柴油机最高转速被限制在 1700～1800r/min（不同机型有所差异），回油管温度明显升高。共轨压力传感器信号漂移，检查其物理特性，更换共轨管。

高压油泵闭环控制类故障，首先检查高压油路是否异常，否则更换高压油泵；检查凸轮轴位置传感器及信号线路，检查凸轮轴位置传感器信号盘是否损坏或有脏污附着；检查曲轴位置传感器及信号线路，检查曲轴位置传感器信号盘是否损坏或有脏污附着。

**3. 机械系统原因**

说明：电控柴油机机械结构和机械喷射式柴油机大同小异，因此，若故障原因是由机械系统引起的，则故障源也和机械喷射式柴油机类似。例如：进、排气路堵塞，冒烟限制起作用，增压后管路泄漏，油路阻塞或泄漏，增压器损坏（如旁通阀常开），低压油路方面有空气或压力不足，进、排气门调整错误（配气相位失调），喷油器雾化不良、卡滞等，曲柄连杆机构或配气机构中运动部件的运行阻力过大等机械原因。

故障诊断方向：诊断思路与维修机械喷射式柴油机相似。如检查高压及低压燃油管路，检查进、排气系统，检查喷油器等。利用机械维修的方法和经验进行处理机械系统方面的故障。具体可参见机械喷射式柴油机的相关资料。

采用博世共轨电控喷射系统的长城汽车 GW2.8TC 型柴油机动力不足的故障部位、特征及排除方法见表 4-2。

表 4-2 长城汽车 GW2.8TC 型柴油机动力不足的故障部位、特征及排除方法

| 可能的故障部位及特征 | 故障排除方法 |
| --- | --- |
| 空气滤清器滤芯堵塞 | 保养或更换空气滤清器滤芯 |
| 燃油品质不正确 | 按规定牌号更换燃油 |
| 废气涡轮增压器失效 | 维修或更换废气涡轮增压器 |
| EGR 系统故障（EGR 率过大） | 检查 EGR 系统 |

(续)

| 可能的故障部位及特征 | 故障排除方法 |
| --- | --- |
| 低压油路供油不畅或压力过低 | 检查低压油路 |
| 加速踏板位置传感器故障 | 检查加速踏板位置传感器 |
| 冷却液温度传感器故障（指示值过高） | 检查冷却液温度传感器 |
| 共轨压力传感器故障 | 检查共轨压力传感器 |
| 高压油泵及进油电磁阀故障（高压压力低） | 检查测试高压油泵及进油电磁阀 |

### 3.2 诊断实施

**1. 电控系统故障诊断的原则和基本方法**

（1）汽车故障诊断的四项基本原则

1）先简后繁、先易后难的原则。

2）先思后行、先熟后生的原则。

3）先上后下、先外后里的原则。

4）先备后用、代码优先的原则。

（2）故障诊断的基本方法

1）询问用户故障产生的时间、现象和当时的情况，发生故障时的原因以及是否经过检修和拆卸等。

2）初步确定故障范围及部位。

3）调出故障码，并查出故障的内容。

4）按故障码显示的故障范围，进行检修。尤其注意接头是否松动、脱落，导线连接是否正确。

5）检修完毕，应验证故障是否确已排除。

6）如果调不出故障码，或者调出后查不出故障内容，则根据故障现象，大致判断出故障范围，采用逐个检查元件工作性能的方法加以排除。

同时，因柴油机电控系统的特殊性，其维修还有下述特别的要求：

1）只有经过该系统专业知识培训的技师才能从事新型电控柴油系统的故障诊断。

2）应用合适的诊断设备、专用工具进行电控柴油系统的故障诊断。

3）故障诊断前需要详细阅读发动机制造厂的操作指南和技术说明。

4）电控柴油机系统故障诊断宜先用诊断设备找出故障的可能原因，然后从外围设备到控制单元逐步寻找故障所在的部位，最后加以解决。

**2. 柴油机动力不足的一般诊断流程**

电控柴油机动力不足的一般诊断流程如图 4-28 所示。

**3. 用诊断仪读取故障码和数据流**

（1）读取故障码 电控柴油机的故障码是电控柴油机诊断和排除的基础。因此，优先读取故障码，以最小限度地确定故障范围。

（2）故障码的检测方法

1）将点火开关由 OFF 位置旋至 ON 位置，不要起动柴油机，这时驾驶室仪表盘上的故

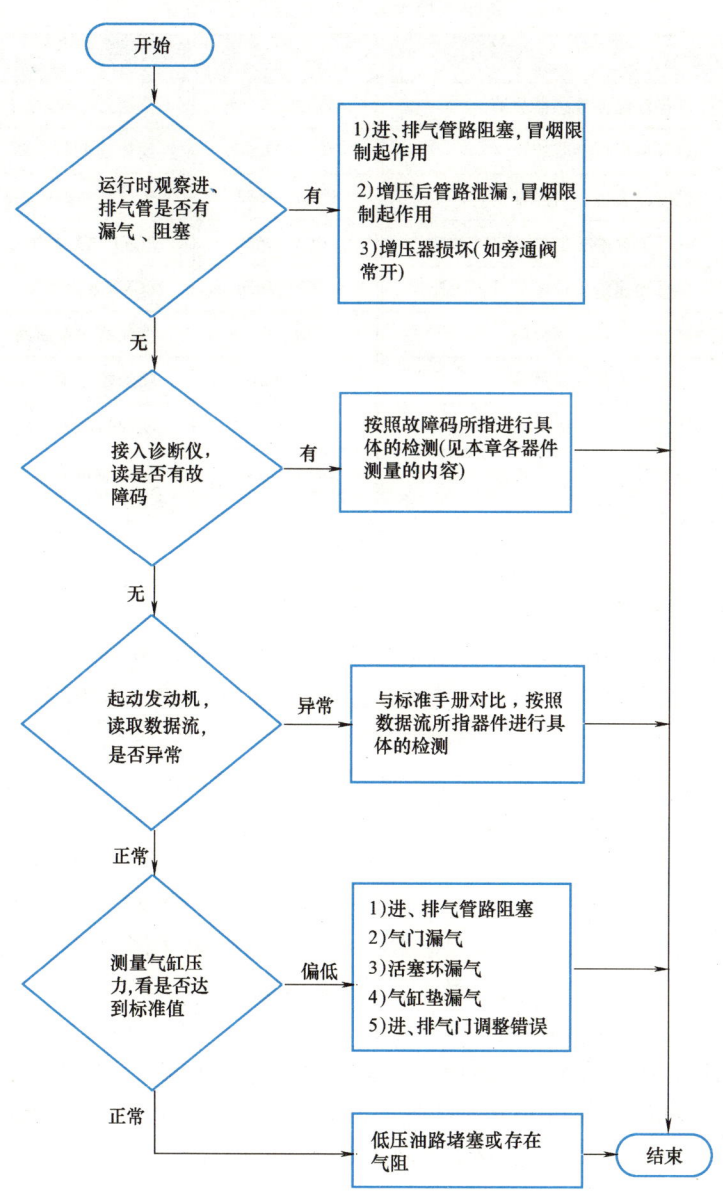

图 4-28 电控柴油机动力不足的一般诊断流程

障指示灯应亮。

2）这时发动机电控系统进行自检，如果电控系统无当前故障和历史故障，柴油机故障指示灯常亮而不闪烁，即可正常起动柴油机。

3）如果电控系统发现系统存在当前故障或历史故障，柴油机故障指示灯不断闪烁，这时打开故障诊断开关，故障指示灯以故障码的形式显示。驾驶人必须排除当前故障，如果是历史故障，驾驶人必须确认故障已经排除，才可以正常起动柴油机。

4）当柴油机无故障正常起动后，故障指示灯应熄灭。

锡柴电控柴油机常见故障码及含义见表 4-3。

表4-3 锡柴电控柴油机常见故障码及含义

| 故 障 码 | 含 义 | 故 障 码 | 含 义 |
| --- | --- | --- | --- |
| P0117、P0118 | 冷却液温度传感器故障 | P0850 | 空档开关异常 |
| P0112、0113 | 进气温度传感器故障 | P0541、P0542 | 预热继电器故障 |
| P0237、0238 | 进气压力传感器异常 | P1681、1682 | 排气制动继电器故障 |
| P0122、0123 | 一号加速踏板位置传感器故障 | P0628、0629 | PCV1 电路故障 |
| P0222、0223 | 二号加速踏板位置传感器故障 | P2633、2634 | PCV2 电路故障 |
| P0182、P0183 | 燃油温度传感器故障 | P0201、P0206 | 喷油器线束断路 |
| P0192、0193 | 共轨压力传感器故障 | P2146、P2149 | 喷油器驱动回路断路 |
| P0337 | 转速传感器故障 | P2147、2150 | 喷油器驱动回路对搭铁短路 |
| P0242 | 凸轮轴位置传感器故障 | P2148、2151 | 喷油器驱动回路对电源短路 |
| P0686 | 主继电器异常 | P0562、0563 | 蓄电池电压异常 |
| P0704 | 离合器开关异常 | | |

注：PCV 指曲轴箱强制通风阀。

在维修完毕后，需要清除故障码。清除故障码的方法与读取故障码方式相似，只需要按照诊断仪的提示，点击清除故障码即可清除储存在发动机控制单元内的所有故障码。当清除故障码后，仍需起动发动机运行，观察故障指示灯是否依然亮，若亮，说明原故障没有完全修复或自诊断系统又检测到有故障，必须再次维修，直至将故障完全修复为止。

（3）柴油机数据流　发动机数据流是指发动机 ECU 与其传感器和执行器交流的数据参数。这种参数有些是从传感器、开关输送给 ECU 以供进行运算和分析的基础数据，有些则是从 ECU 输送给执行器的控制指令。这些数据在发动机运行控制过程中发挥了决定性的作用。同时，因发动机运行时各种物理状态数据值在不断变化（例如进气量、冷却液温度、喷油脉宽等），所以进行交换的数据参数的数值也在实时变化。

当用汽车故障诊断仪与诊断接口（OBD-Ⅱ）驳接后，诊断仪就可以与汽车上的包括发动机 ECU 在内的所有控制单元构成通信。则参数数据的传输就像队伍排队一样，一个一个通过诊断接口流向诊断仪，且随时间和工况实时变化。这样，维修人员就可以通过诊断仪观察和读取到数据，汽车 ECU 中所记忆的数据流真实地反映了各传感器和执行器的工作电压和状态，为汽车故障诊断提供了判断依据。

（4）读取数据流　在诊断仪上读取柴油机控制系统的数据流的操作与汽油机控制系统是类似的。按照菜单指示就能进入读取数据流的界面。因不同诊断仪在使用操作上大同小异，在实际使用中，只需要遵照对应诊断仪的使用说明书正确操作就能读取到对应的数据流。

针对柴油机动力不足故障，需要关注的数据流及对应器件见表4-4。

表4-4 柴油机动力不足数据流及对应器件

| 数 据 流 | 对 应 器 件 | 读取数据流时的条件 |
| --- | --- | --- |
| 冷却液温度数据 | 冷却液温度传感器及电路 | 在运行时读取 |
| 进气温度数据 | 进气温度传感器及电路 | 在运行时读取 |

(续)

| 数据流 | 对应器件 | 读取数据流时的条件 |
|---|---|---|
| 燃油温度数据 | 燃油温度传感器及电路 | 在运行时读取 |
| 燃油轨压力数据 | 燃油轨压传感器及电路 | 在运行时读取,加减油门 |
| 增压压力数据 | 增压压力传感器及电路 | 在运行时读取,加减油门 |
| 进气量数据 | 空气流量传感器及电路 | 在运行时读取,加减油门 |
| EGR 率数据 | EGR 系统及电磁阀 | 在运行时读取,加减油门 |
| 油门开度数据 | 加速踏板位置传感器 | 在运行时读取,加减油门 |
| 海拔修正数据 | ECU 内部大气压传感器 | 在点火开关置于 ON 位置时读取 |
| 喷油脉宽 | ECU 及喷油器 | 在运行时读取 |
| 氧传感器修正数据 | 氧传感器及其电路 | 在急速和加速时读取 |

需要指出的是,读取到的数据流需要与对应车型的维修手册中标准数据进行对照,判断出哪些数据流正常和失常,才能进入下一步的诊断工作。

## 3.3 器件和装置的检测与判断

### 1. 加速踏板位置传感器检测

(1) 电路检查 用万用表的电阻档,分别测量 APPS 的各端子与对应的 ECU 端子之间的电阻值,来判断外电路是否存在短路及断路故障如图 4-2 所示。

(2) 传感器电压值测量 关闭点火开关,拔下 APPS 传感器插头,将点火开关置于 ON 位置,测量线束侧插头 1 号、2 号端子与搭铁之间的电压值,应为 5V,3 号、5 号端子的电压值应为 0,如图 4-2 所示。

(3) 传感器电阻值测量 关闭点火开关,拔下 APPS 传感器插头,测量传感器 5 号、6 号端子之间的电阻值,应为 (1.2±0.4)kΩ,1 号、5 号端子之间的电阻值,应为 (1.7±0.8)kΩ,如图 4-2 所示。

(4) 加速踏板位置传感器的数据流的测量 加速踏板位置传感器的数据流有 3 个:加速踏板 1 电位计电压值、加速踏板 2 电位计电压值、滤波前的加速踏板开度。

接入诊断仪,将点火开关置于 ON 位置(发动机 OFF),读取发动机系统数据流。当不踩加速踏板时,加速踏板 1 电位计电压值应为 0.7V 左右,加速踏板 2 电位计电压值应为 0.35V 左右,滤波前的加速踏板开度应为 0。

缓慢踩下加速踏板,上述 3 个数据流应同时变化,其变化规律如下:滤波前的加速踏板开度数值应逐渐增加至 100%;加速踏板 1 电位计电压值与加速踏板 2 电位计电压值应同时增加,但是前者的瞬时数值等于后者数值的 2 倍。

实测长城哈弗 CUV 汽车 APPS 数据流见表 4-5。

(5) 失效模式及失效产生的原因

1) 无法测得油门位置信号。原因是 ECU 至传感器之间的电路断路。

2) 发动机加速无力。原因是传感器内部两套电阻之间不能够相互检测,ECU 无法获得当前加速踏板的正确位置,出现发动机加速无力的故障现象;电位计中某一套电阻失效导致 ECU 接收错误信号。

表 4-5　实测长城哈弗 CUV 汽车 APPS 数据流

| 加速踏板 1 电位计电压值/V | 加速踏板 2 电位计电压值/V | 滤波前的加速踏板开度/(%) |
| --- | --- | --- |
| 0.80 | 0.39 | 0.00 |
| 1.10 | 0.55 | 8.63 |
| 1.39 | 0.69 | 17.25 |
| 1.53 | 0.77 | 22.35 |
| 1.71 | 0.84 | 27.84 |
| 1.98 | 0.98 | 37.25 |
| 2.18 | 1.08 | 43.53 |
| 2.38 | 1.18 | 49.8 |
| 2.57 | 1.28 | 56.86 |
| 2.79 | 1.37 | 63.53 |
| 3.08 | 1.53 | 73.33 |
| 3.42 | 1.69 | 84.31 |
| 3.63 | 1.79 | 91.37 |
| 3.75 | 1.86 | 94.9 |
| 4.06 | 2.02 | 100 |

3）发动机不能加速。原因是电子油门电位计失效或电路断路。

（6）失效模式分析　加速踏板位置传感器失效，ECU 判断加速踏板位置传感器失效时可能出现下列故障：

1）电子油门信号错误。

2）油门接插件脱落。

3）两路油门信号中任一路出现故障。

4）两路油门信号不一致。

5）油门开度与制动踏板逻辑关系错误。

（7）ECU 处理方式　当加速踏板位置传感器失效时，ECU 会做出下列警示：

1）故障指示灯亮。

2）产生故障码 P0123、P0122、P2135、P0222、P0223、P2299。

3）油门失效，发动机起动后（及随后的运行过程），维持跛行回家转速（1100r/min 左右，不同车型略有差异）。

（8）带有冗余的双电位计式加速踏板位置传感器　博世带有冗余的双电位计式加速踏板位置传感器的内部电路和输出曲线如图 4-29 所示。

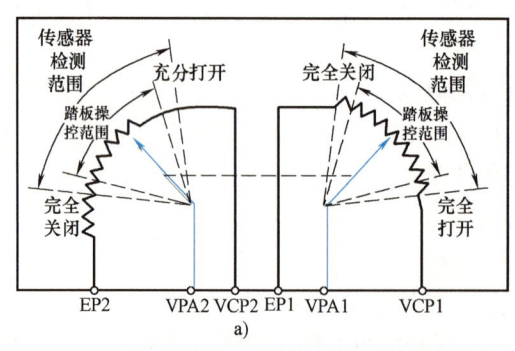
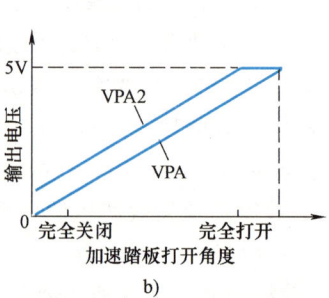

图 4-29　博世带有冗余的双电位计式加速踏板位置传感器的内部电路和输出曲线
a）内部电路　b）输出曲线

(9) 霍尔式加速踏板位置传感器  博世霍尔式加速踏板位置传感器的内部构造和输出曲线如图4-30所示。

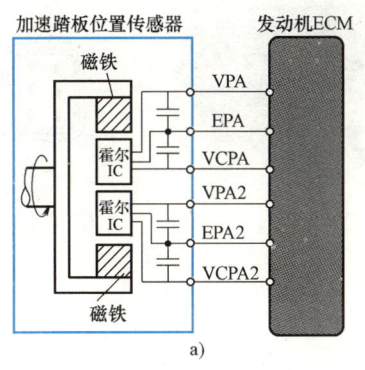
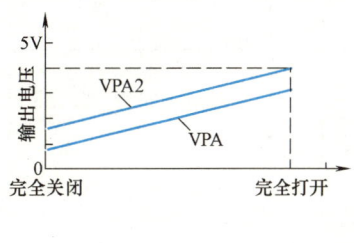

图4-30  博世霍尔式加速踏板位置传感器的内部构造和输出曲线

a) 内部构造  b) 输出曲线

单电位计加怠速开关式有6个端子和5个端子两种形式。

德尔福（Delphi）单体泵用的6个端子APPS如图4-31所示。

威特和南岳单体泵用的 $x$ 个端子APPS实物及电路如图4-32所示。

威特和南岳单体泵用的6个端子APPS的输出特性及插头如图4-33所示。

**2. 空气流量传感器检测**

（1）失效模式

1）空气流量传感器中传感器膜片过脏。

2）空气流量传感器电路断路、短路，插头锈蚀、氧化，传感器针脚锈蚀、氧化。

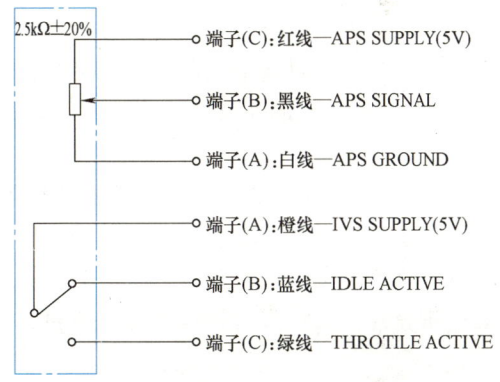

图4-31  德尔福单体泵用的6个端子APPS

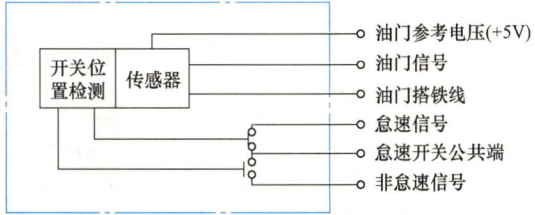

图4-32  威特和南岳单体泵用的 $x$ 个端子APPS实物及电路

3）各种错误操作方法导致传感器失效。

① 测量电阻导致内部元件过载失效（该传感器不得测量电阻）。

② 使用高压空气吹传感器部分导致内部损坏。

③ 空气流量传感器装反，逆向空气流量过大，导致传感器内部电路逆向电流过大，超出传感器检测范围导致传感器损坏。

（2）故障现象

1）进气质量偏差，直接影响EGR率，导致排放超标。

 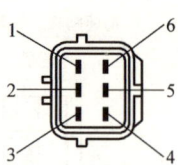

图 4-33 威特和南岳单体泵用的 6 个端子 APPS 的输出特性及插头

2）传感器脏污，实际进气质量与检测到的进气质量偏差，导致车辆加速无力。

3）故障指示灯亮，故障码：P0100 空气流量传感器测得的未经修正的空气质量流量信号过大或过小（连线断路或短路），P0101 空气流量传感器测得的经修正后的空气质量流量信号过大或过小，P0110 空气流量传感器上的附加空气温度传感器连线短路或断路，P1102 空气流量传感器上附加空气温度传感器的占空比输出信号过高或过低等。

4）发动机转速最高只能达到 2500r/min。

（3）故障判断

1）拔下传感器插头，检查传感器各针脚线路至 ECU 电路的通断情况、各线束之间有无短路、线束是否搭铁，在点火开关置于 ON 位置、不起动发动机的情况下，线束插头 1 号插片的电压与蓄电池电压一致、2 号插片的电压为 0、3 号插片与 4 号插片的电压均应为 5V。如果电压异常，请重点检查线束连接质量，如图 4-34 所示。

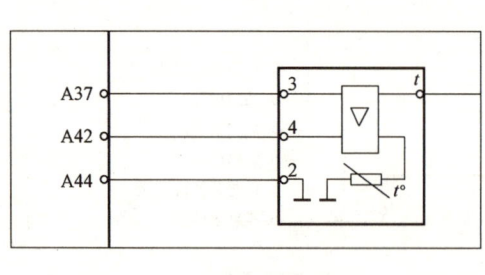 

图 4-34 传感器针脚线路及安装位置

2）接入诊断仪，读取故障码，如果出现 P0100 空气流量传感器测得的未经修正的空气质量流量信号过大或过小（连线断路或短路），P0101 空气流量传感器测得的经修正后的空气质量流量信号过大或过小，P0110 空气流量传感器上的附加空气温度传感器连线短路或断路，P1102 空气流量传感器上附加空气温度传感器的占空比输出信号过高或过低等故障码，应重点检查图 4-34 所示部位的线束连接情况。

注意：可在使用诊断仪检测用户车辆时读取数据流，记录正常情况下车辆的进气质量数值，并建立数据库（因不同区域、海拔、空气质量等因素，所以无法提供适用于各区域的统一数据流），在怀疑空气流量传感器故障时可与正常数据进行对比，如果偏差较大，应首先排除 EGR 系统故障，然后进行空气流量传感器的故障排查。

### 3. 共轨压力传感器检测

共轨压力传感器（CRPS）为压敏效应式，有 3 个接线端子，CRPS 的 1 号端子为搭铁线、2 号端子为信号线、3 号端子为电源线（5V），如图 4-35 所示。

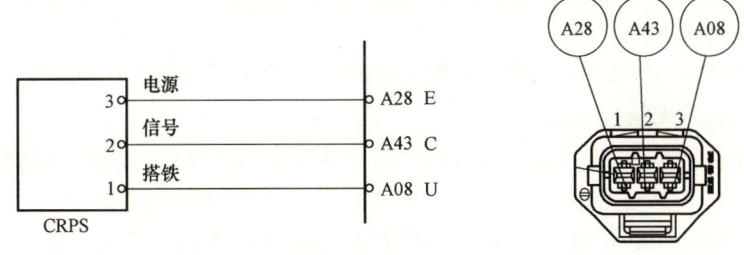

图 4-35 GW2.8TC 型柴油机 CRPS 与 ECU 的电路连接

（1）外线路检查 用万用表的电阻档，分别测量 1 号端子与 A08 号端子、2 号端子与 A43 号端子、3 号端子与 A28 号端子之间的电阻值，来判断外电路是否存在短路及断路故障。

（2）传感器电压值测量 关闭点火开关，拔下共轨压力传感器插头，将点火开关置于 ON 位置，测量传感器侧插头 3 号端子与搭铁间的电压（应为 5V）、2 号端子与搭铁间的电压（应为 0.5V 左右）、1 号端子与搭铁间的电压（应为 0）。

（3）数据流检测 用 X-431 故障诊断仪读取发动机系统数据流，涉及共轨压力的数据流共有 4 个：燃油系统轨压、轨压设定值、实际轨压最大值、轨压传感器输出电压。

当发动机冷却液温度达到 80℃、急速运转时，轨压传感器输出电压应为 1V 左右，燃油系统轨压和轨压设定值均为 25MPa 左右，轨压设定值与燃油系统轨压数值十分接近。

当逐渐踩下加速踏板，提高发动机转速时，上述 4 个数据流逐渐增加，燃油系统轨压、轨压设定值、实际轨压最大值等最大数值为 145MPa，轨压传感器输出电压的最大值为 4.5V。

实测的数据流（部分）见表 4-6。

表 4-6 实测共轨压力及共轨压力传感器输出电压数据流（部分）

| 数据流/状态 | 点火开关 ON | 急速 | 加速 1 | 加速 2 |
| --- | --- | --- | --- | --- |
| 燃油系统轨压/MPa | 0.65 | 25 | 33.6 | 70.3 |
| 轨压传感器输出电压/V | 0.45 | 1.06 | 1.24 | 2.06 |

（4）失效模式及失效产生的原因

1）共轨压力传感器不工作。原因是电压过大导致内部电桥过载损坏，电路断路。

2）共轨压力传感器测得的共轨压力与实际值相差较大。原因是搭铁线针脚搭铁不良，传感器内部电路故障。

(5) 失效模式分析

1) 发动机无法起动。起动时系统以共轨的压力为参量来控制喷油器的动作,在共轨压力已知的前提下,系统通过控制喷油器的开启、关闭时刻来控制进入气缸的燃油量,如果失去了共轨压力信号,系统便失去了燃油喷射控制的重要参数,此时,系统控制发动机不能起动。同理,如果在发动机运转时突然失去了共轨压力信号,发动机会立即熄火。

但是当共轨压力传感器失效（例如拔掉 CRPS 插头）时,发动机能否打着火,不能一概而定,应视具体机型而考虑,即使采用了同一个电控系统（如博世的 CRS2.0）,有的车型可以打着火,有的车型不能,主要取决于系统的控制策略。

下面具体举例说明。

① 对于长城汽车 GW2.8TC 型增压共轨柴油机（博世的 CRS2.0 系统）,当共轨压力传感器失效时,发动机无法起动及运行。

故障原因分析：起动时,ECU 以共轨的压力为参量来控制喷油器的动作,在共轨压力已知的前提下,ECU 通过控制喷油器的开启、关闭的时刻来控制进入气缸的喷油量,如果失去了共轨压力信号,ECU 便失去了燃油喷射控制的重要参数,此时,ECU 便控制发动机不能起动。同理,如果在发动机运转时突然失去了共轨压力信号,发动机会立即熄火。

② 对于玉柴及潍柴国Ⅲ柴油机博世共轨系统,当共轨压力传感器失效时,发动机可以正常起动及运行（跛行回家）。

当 ECU 判断轨压传感器信号失效、轨压传感器本身损坏、信号线损坏（断路或短路）等故障时,ECU 采取下列措施:

a. 使故障指示灯亮,产生故障码 P0193、P0192。

b. 加大高压油泵的供油量。

c. 柴油压力超高,限压阀被冲开。

d. 实际轨压维持在 $(70 \sim 76) \times 10^6$ Pa 范围内（诊断仪读数为 $72 \times 10^6$ Pa 左右）;

e. 限制发动机转速（小于 1700r/min,通过控制喷油量实现）,在限制范围内,油门仍然起作用。

③ 对于玉柴 4F 及 4W 国Ⅲ柴油机德尔福共轨系统,当共轨压力传感器失效（丢失）时,发动机无法起动及运行。会产生下列相关的故障码：P0192、P0193。

当共轨压力传感器失效（漂移）时,发动机功率不足（减转矩模式）。会产生下列相关的故障码：P11912、P1192、P1193。

2) 加速无力或冒黑烟（极少）。传感器检测到的压力值与实际压力值相差较大时,系统按照传感器反馈的压力来控制燃油喷射,会使混合气过浓或过稀。

#### 4. 氧传感器检测

(1) 解码器和废气分析仪相配合检查　宽域空燃比氧传感器的工作性能可以采用解码器和废气分析仪相配合的方法来检查,方法如下：

1) 将解码器与电控柴油机诊断接口连接。

2) 起动电控柴油机至正常工作温度,在读取解码器上显示的空燃比信号参数的同时,用废气分析仪检测柴油机的排气。

3) 通过人为手段使混合气变浓或变稀,将解码器显示的空燃比数值与废气分析仪的检测结果进行比较。如果两个检测结果不匹配，说明传感器或控制系统有故障，需要做进一步的检查。

（2）用万用表和示波器配合检查　宽域空燃比氧传感器也可以用万用表和示波器进行检查，方法如下：

1）检测加热器电路。加热器电路有两条，一条与蓄电池电源连接，另一条与电控模块连接，参考搭铁。在运转柴油机时，用电压表测量加热器控制电路，应有脉冲电压信号。

2）分开传感器线束插头。用万用表检查泵氧元件输出和输入电路之间的修正电阻，其电阻值一般为30～300Ω（具体标准请参阅维修机型手册）。

3）把传感器的线束插头插上，用万用表检查参考搭铁端电压，检测值一般为2.4～2.7V。

4）分别检查泵氧元件和电池元件信号。将一个双通道示波器的搭铁线与传感器的参考搭铁端连接，一个通道接电池元件的电压差信号线，另一个通道连接泵氧单元的输入泵电流线。电池单元的信号电压应该一直保持在0.45V。输入泵电流线上的电压会以0.5～0.6V的幅度波动，在混合气从最浓变稀时，会产生一个大于1V的电压变化。

如果检测结果与上述不符，说明传感器或其控制电路有故障，一般应更换传感器或检修控制电路。

**5. 冷却液温度传感器检测**

（1）电路检查

1）电路通断检查。用万用表的电阻档，分别测量1号端子与A58号端子、2号端子与A41号端子之间的电阻值，来判断外电路是否存在短路及断路故障。

2）传感器电压值测量。关闭点火开关，拔下冷却液温度传感器插头，将点火开关置于ON位置，测量线束侧1号、2号端子之间的电压，应为5V。

3）测量传感器与ECU之间的线路是否有虚接或搭铁现象。

（2）传感器检查

1）打开点火开关，将线束插头插好，此时测量信号线针脚2号、搭铁线针脚1号端子之间的电压应为0.2～2.5V。如果无变化，检查线束连接情况和传感器。

2）传感器电阻值测量。将冷却液温度传感器的工作部分放入水中进行加热，测量两端子之间的电阻值是否符合规定值，否则应更换传感器。

3）数据流检测。用X-431故障诊断仪读取发动机系统数据流，涉及冷却液温度的数据流有两个：冷却液温度传感器输出的电压值、发动机冷却液温度。

起动发动机，接入诊断仪，读取发动机系统数据流，此时踩下加速踏板，使发动机温度上升，观察发动机冷却液温数值应逐渐增大，冷却液温度传感器输出的电压值数值应逐渐减小。如果无变化，应检查线束连接情况和传感器。

（3）失效模式及失效产生的原因

1）冷却液温度无信号输出。原因是电路断路或传感器损坏。

2）输出冷却液温度信号与实际冷却液温度相差较大。原因是电路虚接或搭铁不良。

（4）失效模式分析　当冷却液温度传感器失效时，因控制系统不同，失效模式有所区别，常见的失效模式有以下两种：

1）功率不足、转速所限、高寒工况下难起动。北汽福田的BJ493z93高压共轨柴油机采用该模式。当冷却液温度传感器失效，ECU 检测不到冷却液温度信号时，ECU 会输出相关故障码 P0116、P0117、P0118 等，故障指示灯亮，并且 ECU 进入减转矩控制模式，使最大转速受限、最大功率不足。

2) 电子风扇常转（部分机型）。长城汽车 GW2.8TC 型博世共轨柴油机采用该模式。当 ECU 系统接收不到冷却液温度信号时会出现此故障现象。冷却液温度信号是在各个工况下 ECU 调整喷油量的一个主要参考数据，在 ECU 无法采集到冷却液温度信号时，会采取一个替代值（-4℃），系统按照设定的冷却液温度来工作，起动跛行回家功能。同时，为防止冷却液温度过高导致发动机损坏，系统会控制电子风扇常转。

**6. 柴油机 EGR 系统检测**

柴油机 EGR 系统的检测涉及对真空、电磁阀、控制单元以及工作信号的检测。下面以长城汽车 GW2.8TC 型共轨柴油机为例，简要介绍柴油机 EGR 系统的检测过程。

长城汽车 GW2.8TC 型共轨柴油机 EGR 系统的控制过程如图 4-36 所示。由发电机后部真空泵产生真空，通过真空气管作用到 EGR 阀的膜片上方，形成 EGR 阀动作的动力。在真空泵与 EGR 阀之间的真空管路中串联一个 EGR 电磁阀，该电磁阀打开，即可把真空吸力引入 EGR 阀。发动机控制单元在综合分析传感器信号后做出是否给 EGR 电磁阀通电的判断。

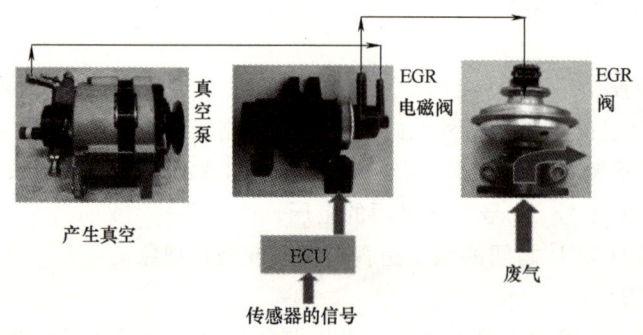

图 4-36　长城汽车 GW2.8TC 型共轨柴油机 EGR 系统的控制过程

（1）真空管路的检查　在发动机运行状态下，拔下 EGR 电磁阀的真空管，用手堵住来自真空泵的真空管，应该能够感受到吸力。否则，真空泵或真空管有漏气或工作不良。

插回真空管，在确保 EGR 电磁阀良好的情况下，给该电磁阀通电，应该能观察到 EGR 阀膜片动作及阀芯上移的动作。拔下 EGR 阀的真空管，应该能感受到吸力。否则，EGR 电磁阀至 EGR 阀之间的真空管有漏气。

（2）EGR 电磁阀的检测　如果 EGR 电磁阀出现了故障，则 EGR 系统停止工作。发动机控制单元可以监测相应的故障信息。可用诊断仪读取故障码和状态数据流信息进行判断。

需要提及的是，EGR 阀是机械阀，如果出现故障，无故障记忆，只能通过常规方法进行检验。

进一步确定 EGR 电磁阀故障，可给该电磁阀提供 12V 电压，感受其内部是否有阀芯动作的声响；判断电磁阀线圈是否正常，可用万用表欧姆档测量其内阻，应该为 14~20Ω。若电阻为无穷大,说明其内部断路;若电阻只有几欧姆甚至零点几欧姆,则表明线圈已经出现了断路。

对电磁阀的真空管接头吹入压缩空气,观察压缩空气是否能贯通该电磁阀。若不能,说明电磁阀内部有堵塞。

(3) 其他方面的检查

1) 再循环量的检查。51kPa 的真空,将出现怠速不稳或熄火。

2) 检查机械阀。检查隔膜运动、破损情况及隔膜的清洁情况,检查 EGR 孔及真空软管。

3) 检查机械阀底座,此处容易产生积炭,使再循环通道受阻或泄漏,清洗时需更换垫圈并涂锂基润滑脂。

**7. 柴油机增压系统检测**

柴油机增压装置常见的故障主要有下列几种:

1) 增压压力低。

2) 压气机喘振。

3) 增压压力过高。

4) 异响。

5) 润滑油回油温度过高。

6) 漏油。

**1. 增压压力低的主要原因**

1) 压气机的滤清器脏污。

2) 叶轮、叶片扩压器脏污。

3) 增压器涡轮内存有较多积炭,使旋转阻力增加。

4) 中冷器脏污,增加了进气阻力。

5) 涡轮排气不畅通,这是由于排气管堵塞、变形等引起转子转速升不高。

6) 增压器出口压力突然下降,一般由于轴承损坏引起。

**2. 压气机喘振的主要原因**

1) 柴油机紧急熄火或突然卸载(急收油门)。

2) 大气温度变化引起喘振。在夏季对增压器进行配合试验,在冬季有可能发生喘振,这是因为气温变化使工作点发生变化引起的。

3) 压气机脏污,特别是叶片扩压器脏污。

4) 一台发动机装置两台增压器,共用一根进气总管,当一缸不工作时,即可引起压气机喘振。

**3. 增压压力过高的主要原因**

一般来说,进气压力过高不是增压器本身的问题,而是由发动机引起的,其主要原因有:

1) 排气阀漏气。

2) 由于发动机喷油正时不当或其他原因造成补燃期过长,使驱动涡轮的热能增加,转速上升,进气压力提高。

**4. 异响的主要原因**

这种故障多数是由于转子与壳体发生碰撞而产生的。由于转子与壳体装配间隙较小，如果安装调整不当或轴承严重损坏，或转子叶片变形，均可能发生碰擦。

**5. 润滑油回油温度过高（超过 105℃）的主要原因**

1）涡轮端的油、气密封件损坏，高温燃气进入油腔。

2）轴承损坏。

**6. 漏油的主要原因**

压气机密封装置靠近叶轮边是低压区，容易产生漏油故障，其主要原因有：

1）润滑油回油不畅。其原因有回油管堵塞，回油管截面面积太小，管接头密封垫内孔小于回油管内径；柴油机曲轴箱内的油面高于标准，造成回油困难；柴油机曲轴箱通风阻塞或气缸密封不良，燃气泄入，使曲轴箱内压力升高。

2）压气机端 O 形密封圈损坏或材质老化而失去密封作用。

3）涡轮增压器润滑油进口压力过高。正常压力为 0.25～0.4MPa，压力高于 0.6MPa 时，从排气消声器管口就会发现从增压器涡轮端泄漏润滑油。

4）密封圈安装不正确或损坏。

## 4 拓展任务

### 4.1 北方奔驰自卸车发动机动力不足

（1）故障现象  一辆北方奔驰自卸车采用潍柴 WP10336 发动机，驾驶人反映发动机动力不足，发动机故障指示灯常亮。

（2）故障诊断与排除  连接好 WP-VDS100 故障诊断仪读取故障码为 P251——低压油路或高压油路故障。用故障诊断仪检测显示油轨泄压阀打开或低压油路回油不畅，检查低压油路回油管发现从车架处通过的回油管折扁造成回油不畅，导致共轨管限压阀回油背压升高，共轨管内燃油压力升高，轨压传感器将升高的燃油压力信号传送给发动机 ECU，发动机 ECU 与其内部储存的规定压力值比较，误认为共轨管内燃油压力大于规定压力，认为燃油供给系统有故障，于是起动跛行回家故障模式，致使发动机最高转速只能达到 1500r/min，所以驾驶人感觉发动机动力不足。

更换折扁的回油管后，清除故障码试车，故障排除。

### 4.2 中通客车动力不足

（1）故障现象  一辆中通客车采用 WP10.375 系列发动机，车主反映动力不足。

（2）故障诊断与排除  无故障码，驾驶室仪表指示也正常，排除电器部分的原因。因车辆 3 天前刚做完强保，且起动正常，检查油路及油品也都正常。利用诊断仪检测其原地起动车辆状态下的进气压力，急速状态下压力大致为 0.1012MPa，原地加速踏板踩到底进气压力无明显变化，大致在 0.11MPa 左右，怀疑空气滤清器阻塞或进气系统漏气。拆除空气滤清器检测进气压力，如故。检查增压器及中冷器，发现中冷器下端有约 15cm 的裂口，因被一个橡胶垫圈挡住，所以不容易看到。拆下中冷器进行铝焊，之后试车动力恢复正常。

## 学习任务单 4

| 学校名称 | | 任课教师 | |
|---|---|---|---|
| 班级 | | 学生姓名 | |
| 学习任务 | | 柴油机动力不足且故障指示灯亮起的故障检修 | |
| 学习情境 | | 学习时间 | |
| 工作任务 | | 学习地点 | |
| 课前预习 | | | |
| 课堂学习 | 1. 什么是柴油机跛行回家功能？<br><br>2. 简述柴油机加速踏板位置传感器的作用、类型及安装位置。<br><br>3. 长城汽车 GW2.8TC 型柴油机加速踏板位置传感器是_____传感器。<br>4. 分析长城汽车 GW2.8TC 型柴油机加速踏板位置传感器失效的影响。<br><br>5. 简述柴油机加速踏板位置传感器的故障判断和检测方法。<br><br>6. 简述柴油机空气流量传感器的作用、类型及安装位置。<br><br>7. 分析长城汽车 GW2.8TC 型柴油机空气流量传感器失效的影响。<br><br>8. 简述空气流量传感器的故障判断和检测方法。<br><br>9. 简述柴油机共轨压力传感器的作用、类型及安装位置。<br><br>10. 分析长城汽车 GW2.8TC 型柴油机共轨压力传感器失效的影响。<br><br>11. 简述柴油机共轨压力传感器的故障判断和检测方法。<br><br>12. 简述冷却液温度传感器的作用、类型及安装位置。<br><br>13. 分析长城汽车 GW2.8TC 型柴油机冷却液温度传感器失效的影响。<br><br>14. 简述冷却液温度传感器的故障判断和检测方法。<br><br>15. 简述柴油机 EGR 阀的作用及安装位置。<br><br>16. 简述柴油机 EGR 系统的工作原理。<br><br>17. 柴油机增压系统哪些故障会引起发动机动力不足？为什么？<br><br>18. 长城汽车 GW2.8TC 型柴油机动力不足的原因有哪些？如何进行检测和诊断排除？画出诊断流程图。 | | |
| 课后复习 | | | |
| 备注 | | | |

# 学习任务 5　新柴油机轿车油耗非常高的故障检修

## 任务目标

1) 学生应该能够制订一份柴油机管理系统的子系统一览表。
2) 计划与客户就故障确定进行对话，并以角色扮演的形式进行客户对话。
3) 分析发动机管理体系出现油耗特别高的原因。
4) 掌握电控柴油机后处理系统的组成与工作原理。
5) 能够对后处理系统的故障进行维修。

## 1　客户报修：新柴油机轿车油耗非常高

### 1.1　任务描述

一辆新柴油电控共轨发动机轿车，客户购买一周内反映油耗高。

### 1.2　工作流程

故障受理接待──→直观检查、接车──→接受客户委托──→车辆识别──→技术支持信息系统查询──→该车维修手册查询──→检查记录──→劳动安全、环境保护、道路交通许可规定查询──→故障诊断、测量──→备件──→修理──→工作质量检验。

### 1.3　资讯导读

想解决柴油机油耗高的故障，应具备以下的汽车专业知识：熟练掌握柴油机电控系统、燃油供给系统的组成与工作原理，ECU 的功能及控制策略，排放处理系统的组成与工作原理，能进行相关传感器和执行器的拆装与检测等。本学习情景重点掌握柴油机管理系统子系统的组成及控制策略，只有具备了上述的汽车专业知识才具备解决该故障的专业能力，学生也应具备一定的接车能力、与同事合作能力、语言沟通能力，并学会处理索赔事项的流程。

## 2　信息收集

### 2.1　柴油机 ECU

#### 1. ECU 的功用

许多维修人员将柴油机电控系统中的 ECU 称为"黑匣子",它是柴油机电控系统中最重要的核心部件,用从传感器、目标设定值传感器以及通过 CAN 总线传输过来的信息(数据)作为输入,经过计算处理、分析判断、决定对策,然后输出控制指令,指挥调节执行机构(执行器)进行相应的调节功能。同时,它还给传感器提供稳压电源或参考电压,其全部功能是通过各种硬件和软件的组合来完成的。借助于大规模集成电路已经可以将复杂多样的几百个元器件全部集成在 1~2 块多层电路板上,并封装在一个十分紧凑的铝制外壳中屏蔽起来。

#### 2. ECU 的工作条件

对 ECU 的要求很高,因为它的工作条件非常恶劣。

1) 极端的工作温度,在正常情况下为 -40~125℃。
2) 剧烈的温度波动。
3) 受油、燃料等材料的影响。
4) 潮湿环境。
5) 机械作用,如发动机抖动。

ECU 在起动电压不足(冷起动)或充电电压过大(车载电子系统电涌)时都要能正常工作。另外,电子系统还要满足 EMC(电磁兼容性)的要求。电子抗干扰标准和对高频信号干扰限制尤为严格。

#### 3. ECU 的数据运行处理

(1) 输入信息处理部分　输入电路将各种传感器传输来的信号经过滤波(过滤掉干扰信号)、整形和放大处理,模拟量还要经过模-数(A-D)转换,转变成 ECU 能接收且量程合适的数字信号。

(2) 微处理器系统　根据输入的信息和内存的调节策略以及数据、图表等进行分析和运算而产生控制指令。微处理器系统包括微处理器(CPU)、各种存储器、输入输出接口(I/O),以及在 CPU、存储器和 I/O 之间传递信息的数据总线、地址总线和控制总线及产生时间节拍脉冲以控制 ECU 运作的计时器等。微处理器系统的各部分通常全部集中在一块芯片中,即所谓的单片机。

(3) 输出信息处理部分　将 ECU 输出的只有 mA 级的各种控制指令调制、放大成可以驱动各种执行器的控制信号并输出,并保障 ECU 抗短路和过热的安全性。控制执行器的信号有两种:一种是使执行器实现通断功能的开关信号,另一种是脉冲宽度调制(PWM)信号,它们具有恒定频率的矩形信号和可变的接通持续时间,可使诸如 EGR 阀和增压压力调节器等执行器达到各种任意的位置。

柴油机 ECU 的储存器中储存着数据和计算调节策略用的程序。它们根据功能的不同,主要有以下几种形式的存储器:

1) ROM（只读存储器）。ROM 是一种读存储器，其中的内容由制造商确定后不能再改变。

2) EPROM（可擦可编程只读存储器）。储存的内容可在紫外线照射下擦除，而新内容可用专门的编程器写入。

3) EEPROM。它是作为不会丢失的写-读存储器被应用的，例如用于储存防盗锁码或故障存储器信息。与 Flash-EPROM（快擦写只读存储器，简称闪存）不同，EEPROM 中的每一个储存单元能够单独擦除。例如仅擦除故障存储器。此外，它是为多次写循环设计的。

4) Flash-EPROM。它是一种通过电路可擦可编程的只读存储器。由于其所具备的优越性，越来越多地取代传统的 EPROM，它还能在维修站用合适的诊断仪重新进行编程。

以上 4 种 ROM 类存储器用于储存在切断电源后也不会丢失的长期信息，如控制逻辑软件、计算程序以及控制参数的目标值〔如各种脉谱图（MAP）等〕。但是，其中 ROM 一次存入信息后就不能更改，不如 EPROM、Flash-EPROM 和 EEPROM 在修改程序和数据上那样灵活和方便，特别是 EEPROM 和 Flash-EPROM 可以直接由微处理器改写其内容，而且可以只改写部分内容，因此目前得到越来越广泛的应用，甚至有的单片机不加区分地将所有信息都储存在 EEP-ROM 和 Flash-EPROM 中。它们均可以在生产线上根据柴油机型号与要求的不同，写入新的程序或选取一部分已经写入的程序，即具有 EOL（End of Line）功能，这就为多种型号柴油机共用一个型号的 ECU 提供了可能。

E.RAM 是一种写-读存储器，ECU 可用它来暂时存取当前的运行和信息数据，如传感器输入的实时信息、计算过程中的数据等，这些信息和数据在柴油机运行中实时被更新，但是点火开关断开后，其中储存的信息和数据将全部丢失。

(4) 内存软件 在车用柴油机 ECU 储存的软件中，既有各种用于 ECU 自身运行的驱动程序，也有为控制汽车及其发动机运行而编制的专用程序。这些专用程序就是对每一个受控过程的数字化描述，将各种传感器采集和输送的各种信息和数据，经过分辨、计算、比较和逻辑分析，再将得到的结果变换成驱动各个执行器的控制指令，指挥执行器及时而准确地动作，完成控制和调节过程。各种用于信号处理的计算公式、逻辑分析方法和数据表格等均可编成程序储存在存储器中。此外，作为抗电磁干扰的措施之一，通常对输入的数据采用软件滤波或采用傅里叶变换和小波变换等成熟的数据处理方法进行处理，这些处理软件也被放入内部存储器中。

在软件设计中，还必须考虑运行故障的判断、记载和读出。当然，进行故障自诊断不能只依靠软件，还需要有硬件电路的帮助，需要有更多的传感器提供足以判断故障的信息，电控系统都采用 MAP 来确定控制量的目标值。例如，对于柴油机的电控喷油系统而言，最基本的控制目标就是喷油量和喷油提前角（对于共轨喷油系统还有喷油压力），它们应随柴油机转速和负荷工况而变，当然也视具体柴油机机型而异，为此电控柴油机在开发过程中必须事先经过大量的标定试验寻找出对应于各个转速和负荷工况下的最佳目标值，以二维数表的形式存入 ROM 等存储器中，运行时只要根据柴油机的具体运行工况，对照 MAP 的要求，即可给出相应的控制和调节指令，以控制相关的执行器（喷油泵或喷油器的电磁阀）按时准确地动作，从而达到优化喷油过程的目标。

除了主要对喷油过程进行控制之外，ECU 还必须对柴油机其他系统和有关附件的运行进行控制，例如 EGR 和增压系统等的控制阀以及冷却风扇、起动机、发电机和空调设备的开关等。所有控制指令均来自微处理器的数字信号,由于它们的电流很小(mA级),需经输出级(终端模块)调制和放大后,才能生成各种开关、继电器、数显和驱动电磁阀等执行器的输出信号。其中PWM信号是ECU最常用的脉冲输出信号,这是一种频率一定但通电(脉冲)时间变化的方形数字信号,每一个脉冲高电平占据的时间称为脉宽$b$,它与两个脉冲时间间隔之比($a/b$)称为占空比。PWM信号的优点是既可以用于控制惯性较大和反应较缓慢的电磁阀(如EGR和增压系统的控制),只需改变占空比,就能改变输出信号的平均电压,从而能控制这类电磁阀的动作;同时,也可以用于喷油器高频电磁阀的控制,这时喷油器针阀质量轻、惯性小,升起和落座迅速,因此只需调节PWM信号的频率,使喷油过程在一个脉冲内完成,即可用PWM信号的脉宽来控制喷油器针阀开启时间的长短,以完成喷油量的精确控制。

## 2.2 发动机管理系统的控制策略

### 1. 起动时的控制策略

1)发动机起动时ECU需要知道喷油正时与起动喷油量。

2)通过曲轴位置传感器与凸轮轴位置传感器的信号,ECU可以计算出当前的曲轴位置,系统判断出1缸上止点后,ECU向喷油器下达喷射指令。

3)起动时的喷油量要能够保证发动机快速起动,燃油燃烧的快慢除受起动时的燃烧室的压力影响之外,还受到温度的影响,ECU会根据冷却液温度传感器传输的冷却液温度信号加大起动时的喷油量,确保起动一次成功。

### 2. 驱动模式的控制策略

1)2.8TC型发动机采用转矩控制的策略,在驱动模式下,驾驶人的意愿是系统设定当前主喷油量的主要依据,体现驾驶人意愿的便是电子加速踏板。

2)加速踏板的位置通过踏板内部的滑动变阻器转换成电信号,ECU根据此信号,设定出驱动模式下的主喷油量。

3)系统为了防止发动机飞车,ECU采集转速信号,当转速到达系统设定的最高转速时,ECU会控制喷油器停止喷油,避免转速继续升高。

### 3. 怠速控制模式的控制策略

怠速控制策略包括档位选择、发动机温度和额外负荷。

1)在怠速工况下要考虑发动机工作的稳定性、输出足够的怠速转矩、缩短发动机的暖机时间等因素。

2)不同档位,因传动比不同对输出转矩的要求也不同,ECU要根据车速传感器的信号,判断出当前档位,对喷油量进行调整。

3)额外负荷包括空调压缩机、发电机等,开空调时或蓄电池电压低时,发动机要加大喷油量以确保输出转矩不下降。

4)低温起动后怠速工况下发动机要依据冷却液温度传感器采集的冷却液温度信号来适当加大喷油量缩短暖机时间。

### 4. 平稳运转控制策略

1)为保证发动机各缸工作状态的稳定性,ECU通过转速传感器能够测得曲轴在各缸的瞬间曲轴转速。

2) 如某缸因密封不良导致该缸压力过低,体现在曲轴转速上便是排气行程转速快,做功行程转速慢,由此 ECU 适当加大该缸的喷油量,使 4 个缸的转速趋于一致,这便是平稳运转控制。

3) 发动机带动如空调压缩机等额外负荷时,在满足额外负荷的需要下,要加大喷油量,以确保输出转矩不下降,发动机运转平稳。

**5. 供油量限制调节**

该模态即为跛行回家模式,当发动机失去某个重要的信号时,系统会采用一个替代值,并依此为基准进行喷油或限制发动机的最高转速。

1) 当失去了进气质量的信号时,系统控制发动机最高转速只能升到 2500r/min。

2) 当失去了冷却液温度信号时,系统按照冷却液温度在 -4℃ 的状态下喷油,同时开启电子风扇,当冷却液温度超过 105℃ 时系统限制喷油量。

3) 当发动机转速超过系统设定的最高转速时,系统会自动断油,以避免发动机飞车。

**6. 主动喘振控制**

在节省燃油、降低冲击力的同时,人性化设计,满足用户追求"推背"感觉。

1) 控制喷油量在急踩加速踏板状态下平稳变化。

2) 为了减少在急踩加速踏板状态下突变的转速对传动系统的冲击,ECU 首先对加速踏板信号进行过滤使加速踏板信号平稳变化。

3) 为了使驾驶人感到在急加速时有一个"推背"感觉,在喷油量平稳上升的过程中有一个小的突变,发动机的加速时间并没有延长。

## 2.3 发动机后处理系统

目前,世界范围的柴油机排放后处理的关注都聚焦在柴油机排放物中 $NO_x$ 和 PM 的处理上。

降低 PM 排放的主要手段是采用颗粒捕集器(DPF),净化 $NO_x$ 的主要手段是采用尿素 SCR 系统。

**1. SCR**

选择性催化还原(Selective Catalytic Reduction,SCR)是指在催化剂的作用下,并在氧气存在的条件下,$NH_3$(氨气)优先和 NO(一氧化氮)发生对还原反应,生成对环境无害的氮气和水,而不和排气中的氧进行氧化反应,从而达到降低发动机废气中 $NO_x$ 的目的。

**2. 尿素 SCR 系统的结构**

SCR 系统由氨供应系统、氨气/空气喷射系统、催化反应系统以及控制系统等组成。为避免烟气再加热消耗能量,一般将 SCR 反应器置于省煤器后、空气预热器前,即高尘段布置。氨气在空气预热器前的水平管道上加入,并与烟气混合。

图 5-1 所示为典型的柴油机尿素 SCR 系统结构框图。系统的主要组成部分如下:

1) 尿素水(AdBlue)罐。
2) 尿素水喷射装置。
3) SCR 催化剂。
4) 前端氧化催化剂——去除排气中的 CO(一氧化碳)和 HC。
5) 后端氧化催化剂——去除可能泄漏到后端的氨气。

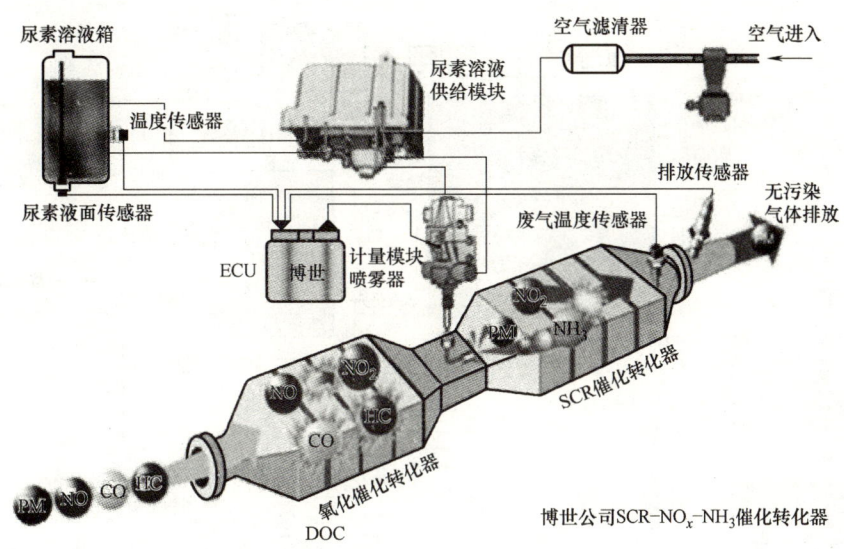

**图 5-1 典型的柴油机尿素 SCR 系统结构框图**

尿素-SCR 催化还原的基本原理是：将浓度为 32.5% 尿素水溶液喷入具有一定温度的尾气中，在特定催化剂的作用下，排气中的 $NO_x$ 产生化学反应，转变成氮气和水（$H_2O$）而被净化。

尿素水溶液储存于特制的不锈钢或塑料储罐中，通过定量模块和控制单元，连续地以雾化了的微粒的形式喷射到 SCR 转化器之前的尾气中。在喷射之前，尿素水溶液先进行充分雾化，在炙热的尾气作用下，尿素转化为 $NH_3$，再与催化转换器中的 $NO_x$ 发生反应，生成氮气和水。

利用压缩空气进行尿素喷射的系统如图 5-2 所示。尿素泵起动，在定量模块的进口处建立起具有一定压力的尿素水溶液待用。ECU 采集柴油机的转速、转矩、排气温度和 $NO_x$ 排放等信号，ECU 按照控制策略发出需求的尿素水溶液流量的控制指令，驱动电路驱动计量阀动作，尿素水溶液与空气混合经喷油器喷入排气管。当尿素水溶液喷入排气管后，在高温及催化剂的作用下发生热解和水解生成 $NH_3$，然后 $NH_3$ 进入 SCR 转化器将 $NO_x$ 还原，最后使 $NO_x$ 转变成无害的氮气和水，排入大气。

### 3. 尿素 SCR 系统控制技术

尿素 SCR 系统的关键技术是尿素水喷射控制系统，即如何控制尿素水的喷射量和喷射质量是决定尿素 SCR 系统质量优劣的关键因素。

首先，尿素水喷射量直接影响 SCR 系统的反应效率和 $NH_3$ 的逸散问题。

尿素水喷射量不足将导致系统反应效率降低，反之，尿素水喷入过多，可能导致过多的 $NH_3$ 不参与反应，而直接排入大气，造成二次污染。

尿素 SCR 系统中尿素水的控制模式有以下两种：

（1）开环控制　开环控制的控制逻辑是：尿素水定量模块（Dosing Module）接受控制命令将尿素水喷入排气管中与排气进行反应，随即结束，并没有任何反馈信息返回到尿素水控制单元中对下一步控制指令进行修正。这是开环控制的标准方式，最大的好处是设计简单，但是，相对地控制精准度不佳。控制精准度不佳有可能造成排气处理效果不好，但这并不会造成任何危害。另一方面，若是造成尿素水喷入过量，则可能产生 $NH_3$ 泄漏到后端部

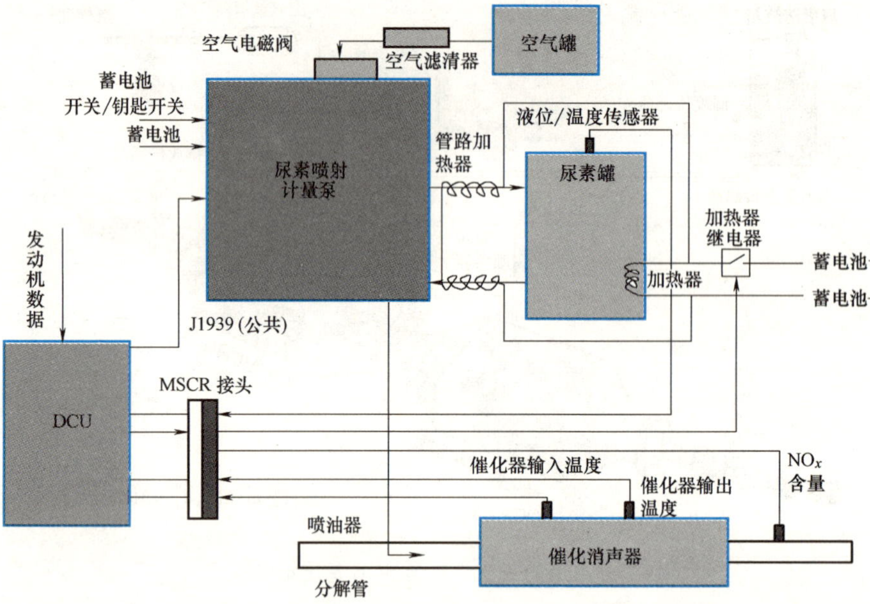

图 5-2　利用压缩空气进行尿素喷射的系统

分，如果不采取措施进行处理（例如，后端布置氧化催化剂），则将造成二次污染。

（2）闭环控制　在 SCR 系统中，通过快速且实时的 $NO_x$ 与 $NH_3$ 检测，并将检测到的信息反馈到 ECU 中，控制程序对尿素水的喷射量进行修正，然后喷入适量的尿素水，这样，就避免了 $NH_3$ 泄漏。

### 4. SCR 存在的问题

（1）$NH_3$ 泄漏　用尿素水作为还原剂，真正起作用的成分是 $NH_3$。在不同工况下需要喷射的尿素水量变化很大，而 $NH_3$ 吸附到催化剂的能力会随着温度的升高而有所降低，容易造成 $NH_3$ 泄漏。通常通过优化尿素水喷射控制策略尽量做到精准控制喷射量，以及在 SCR 催化剂安装后氧化催化剂来处理泄漏的 $NH_3$。

（2）催化剂的高温稳定性　催化剂在高温下容易老化会造成 $NH_3$ 泄漏。

（3）尿素"不正常"反应　当尿素水溶液喷入排气管后，首先经过热解反应生成 $NH_3$ 和氰酸。其中，氰酸除了在催化剂作用下生成 $NH_3$ 和二氧化碳外，在高温下氰酸会发生缩合反应，生成一些结晶体阻塞排气管。

### 5. 博世公司的 SCR 系统

博世公司的 SCR 系统的工作原理和尿素 SCR 系统相同。其中配装于柴油货车上的 SCR 系统中最值得关注的是 Denoxtronic（De-$NO_x$）模块，实现尿素水溶液定量喷射系统功能，即为供给模块。

De-$NO_x$ 模块主要由尿素水供给模块、尿素水喷射模块和尿素水喷嘴三部分组成，主要实现功能有：①供给功能。根据发动机的 NO 初始排放量向排气流中喷射最合适的流量和质量喷的尿素水溶液。②诊断功能。随车诊断仪能检测到主要的功能故障，而且，诊断功能始终对系统进行检查。③定量功能。④控制功能。

博世典型的尿素 SCR 系统如图 5-3 所示。该尿素 SCR 系统应用范围很广，既可以用于柴油车，也可以用于商用车和大型柴油车，其有效性已被实践证实。

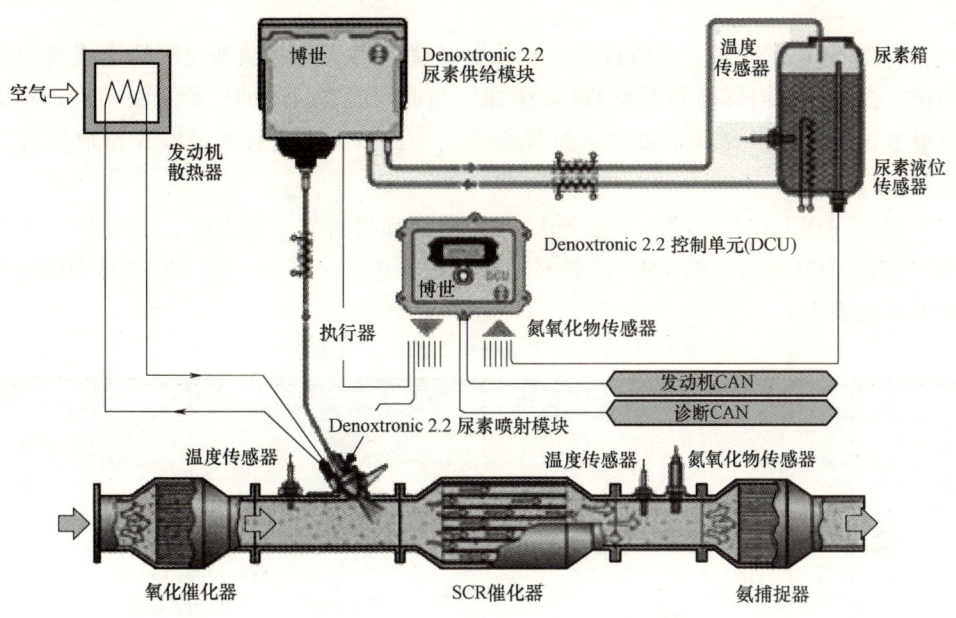

图 5-3 博世典型的尿素 SCR 系统

## 2.4 柴油机颗粒滤清器（DPF）

### 1. 催化型滤清器（CDPF）

催化型滤清器（Catalyzed Diesel Particulate Filter，DPF）也称为带催化剂的柴油机颗粒滤清器。一般的催化剂很容易受到柴油中硫含量的影响，所以，催化型滤清器不采用传统的催化剂，而是采用等离子方式等。在过渡工况下，排气温度低，开发了可以提高颗粒削减率的、有效利用排热的技术。采用催化型滤清器可以满足欧Ⅳ排放法规。

### 2. 连续再生式滤清器（CRT）

连续再生式滤清器（Continuously Regenerating Trap，CRT）的基本原理是利用柴油机排气中 PM 内的碳烟、排气中的 $NO_x$，使 PM 燃烧，从而再生。在 DPF 中捕集到的碳烟，利用大气中的氧气进行燃烧处理时，一般是在 500～600℃温度下开始激烈的燃烧，但是在 CRT 中，由于是利用 $NO_x$ 中的一种成分 $NO_2$，开始燃烧的温度降低到 280℃，所以燃烧过程变得缓慢，提高了装置的安全性。

### 3. SCRT

将尿素 SCR 系统和上述 CRT 系统组合起来的 SCRT，被看作应对下一代排放法规的技术。

SCRT 系统结构如图 5-4 所示。

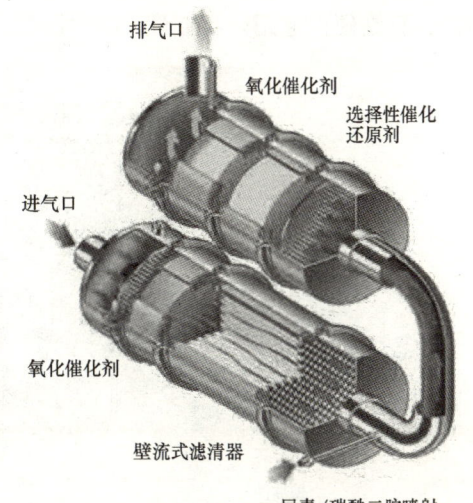

图 5-4 SCRT 系统结构

若要将柴油机在欧Ⅲ排放法规的基础上提升到满足欧Ⅳ法规，目前有两条机外净化技术路线：

（1）尿素 SCR 系统法　先通过超高压喷射并优化燃烧，将喷油正时适当提前，改善发动机燃烧，在发动机内部抑制颗粒 PM 的生成，与此同时需付出的代价是在燃烧过程中 $NO_x$ 生成量增多，通过尿素 SCR 后处理系统降低排放中的 $NO_x$。这种解决欧Ⅳ排放法规的策略在欧洲很盛行。

（2）EGR + DPF 法　通过大剂量的 EGR 降低发动机排气中的 $NO_x$，再用 DPF 捕集排气中因使用 EGR 而略有增加的 PM。这种技术路线在美国相当盛行。美日欧中重型柴油机车排放技术方案见表 5-1。

表 5-1　美日欧中重型柴油机车排放技术方案

| | | 2004 年 | 2005 年 | 2006 年 | 2007 年 | 2008 年 | 2009 年 | 2010 年 | 2011 年 | 2012 年 | 2013 年 | 2014 年 |
|---|---|---|---|---|---|---|---|---|---|---|---|---|
| 欧盟 | 重型汽车 | | | SCR | | | | SCR | | | DPF、SCR | |
| | 中型汽车 | | | SCR | | | | SCR | | | DPF、SCR | |
| 美国 | 重型汽车 | | EGR | | | EGR、DPF | | | EGR、DPF、SCR | | | |
| | 中型汽车 | | EGR | | | EGR、DPF | | | EGR、DPF、NSC 或 EGR、DPF、SCR | | | |
| 日本 | 重型汽车 | | EGR | | | EGR、DPF 或 SCR | | | EGR、DPF、SCR | | | |
| | 中型汽车 | | EGR | | | EGR、DPF 或 SCR | | | EGR、DPF、SCR | | | |

## 3　执行工作任务、检查工作质量

### 3.1　执行工作任务

控制器 ECU 适用于玉柴 4E、4G、6J、6A、6G、6L、6M、6K 等中重型系列博世共轨发动机，只是硬件通用。控制器 ECU 外观如图 5-5 所示。

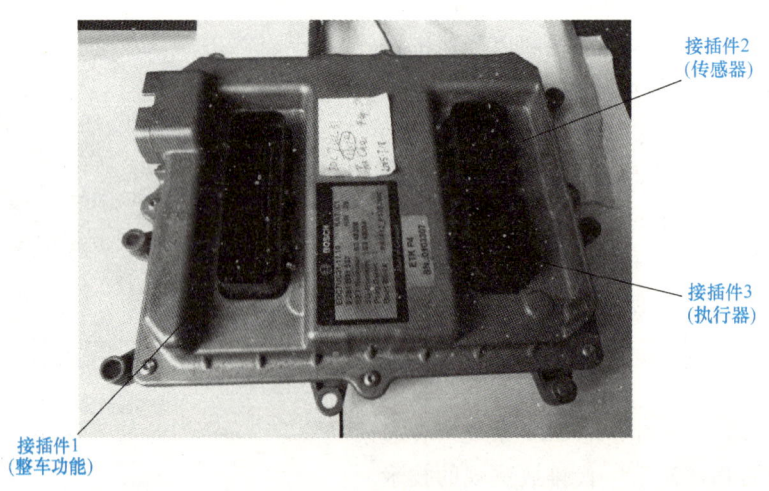

图 5-5　控制器 ECU 外观

接插件 1 的引脚如图 5-6 所示，接插件 1 的引脚定义见表 5-2。

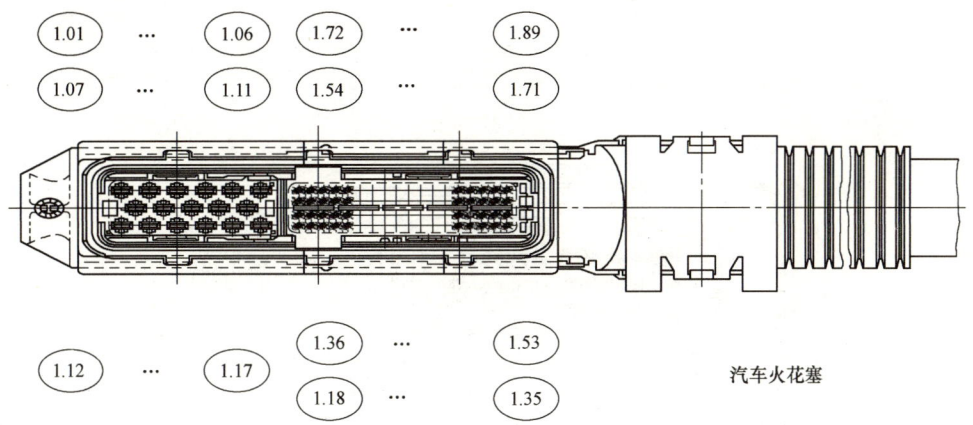

图 5-6　接插件 1 的引脚

表 5-2　接插件 1 的引脚定义

| 线　号 | 定　义 | 线　号 | 定　义 |
| --- | --- | --- | --- |
| 1.34 | CAN 通信高 | 1.64 | 巡航控制，"减速" |
| 1.35 | CAN 通信低 | 1.65 | 转矩限制信号低端 |
| 1.36 | 燃油加热控制 | 1.66 | 离合器开关 |
| 1.37 | 发动机起动继电器控制高端 | 1.70 | 车速信号低端 |
| 1.38 | 冷起动指示灯 | 1.71 | 车速信号高端 |
| 1.39 | 冷却液温度传感器指示灯 | 1.72 | 诊断请求开关 |
| 1.40 | 点火开关 | 1.74 | 巡航控制，"关闭" |
| 1.41 | 制动开关 1 号 | 1.76 | 2 号加速踏板位置传感器低端 |
| 1.42 | 空调请求开关 | 1.77 | 1 号加速踏板位置传感器高端 |
| 1.43 | 冷却液温度传感器 | 1.78 | 1 号加速踏板位置传感器低端 |
| 1.47 | 发动机停止开关 | 1.79 | 1 号加速踏板位置传感器信号端 |
| 1.48 | 低怠速开关高端 | 1.80 | 2 号加速踏板位置传感器信号端 |
| 1.49 | 制动开关 2 号 | 1.84 | 2 号加速踏板位置传感器高端 |
| 1.50 | 发动机起动继电器控制低端 | 1.85 | 空档开关 |
| 1.55 | 预热装置继电器控制线高端 | 1.87 | 曲轴位置传感器信号输出 |
| 1.59 | 预热装置继电器控制线低端 | 1.88 | 凸轮轴位置传感器信号输出 |
| 1.61 | 起动机控制端 | 1.89 | K 线 |
| 1.60 | 转矩限制信号高端 | | |

接插件 2 的引脚如图 5-7 所示，接插件 2 的引脚定义见表 5-3。
接插件 3 的引脚如图 5-8 所示，接插件 3 的引脚定义见表 5-4。

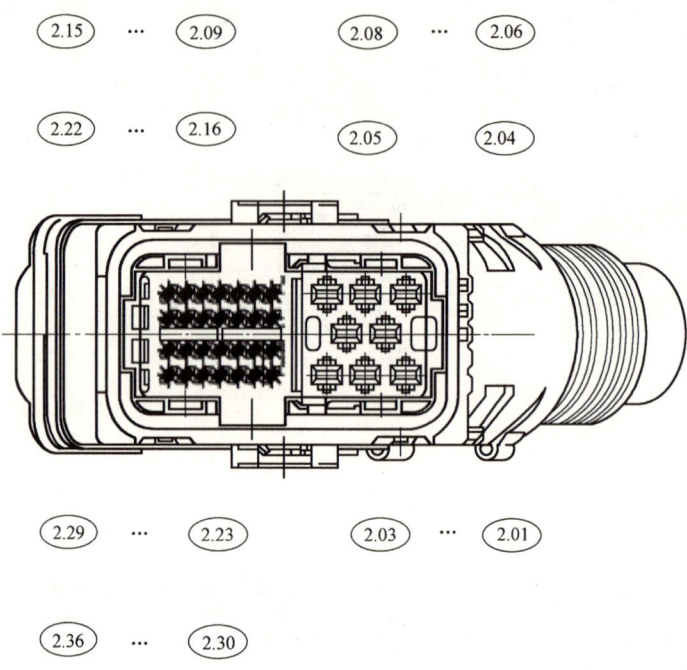

图 5-7 接插件 2 的引脚

表 5-3 接插件 2 的引脚定义

| 线 号 | 定 义 | 线 号 | 定 义 |
| --- | --- | --- | --- |
| 2.03 | 电源输出(24V) | 2.14 | 共轨压力传感器信号端 |
| 2.04 | 燃油加热继电器控制高端 | 2.15 | 冷却液温度传感器高端 |
| 2.05 | 燃油加热继电器控制低端 | 2.16 | 冷却液温度传感器低端 |
| 2.06 | 排气制动碟阀控制 | 2.19 | 凸轮轴位置传感器低端 |
| 2.09 | 曲轴位置传感器信号高端 | 2.23 | 凸轮轴位置传感器高端 |
| 2.10 | 曲轴位置传感器信号低端 | 2.25 | 增压压力传感器低端 |
| 2.11 | 空调压缩机继电器控制 | 2.33 | 增压压力传感器高端 |
| 2.12 | 共轨压力传感器低端 | 2.34 | 增压压力传感器信号端 |
| 2.13 | 共轨压力传感器高端 | 2.36 | 增压温度传感器信号端 |

1. ECU 特性参数

1）型号为 EDC7UC31。

2）特性参数如下：

①工作环境为 -30 ~ 105℃（安装在发动机上时要求燃油冷却）。②工作电压为 24V（9 ~ 32V）。③接插件为 141Pins（16 + 36 + 89）。④尺寸为 248mm × 206mm × 54mm。⑤ECU 壳体要求与车身绝缘良好。⑥ECU 的八个固定螺栓转矩为（10 ± 2）N·m。

3）优点。

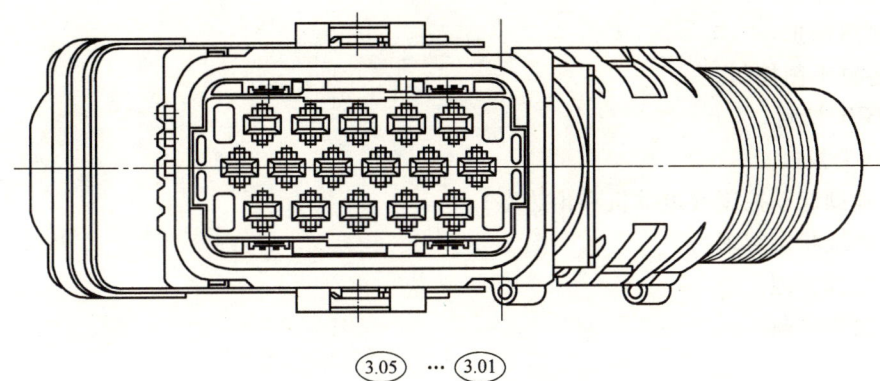

图 5-8 接插件 3 的引脚

表 5-4 接插件 3 的引脚定义

| 线 号 | 定 义 | 线 号 | 定 义 |
| --- | --- | --- | --- |
| 3.04 | 1 缸喷油器驱动高端 | 3.10 | 油量计量阀驱动低端 |
| 3.13 | 1 缸喷油器驱动低端 | 3.09 | 油量计量阀驱动高端 |
| 3.06 | 2 缸喷油器驱动高端 | 3.04 | 1 缸喷油器驱动高端 |
| 3.11 | 2 缸喷油器驱动低端 | 3.13 | 1 缸喷油器驱动低端 |
| 3.05 | 3 缸喷油器驱动高端 | 3.02 | 2 缸喷油器驱动低端 |
| 3.12 | 3 缸喷油器驱动低端 | 3.15 | 2 缸喷油器驱动高端 |
| 3.03 | 4 缸喷油器驱动高端 | 3.01 | 3 缸喷油器驱动高端 |
| 3.14 | 4 缸喷油器驱动低端 | 3.16 | 3 缸喷油器驱动低端 |
| 3.01 | 5 缸喷油器驱动高端 | 3.05 | 4 缸喷油器驱动高端 |
| 3.16 | 5 缸喷油器驱动低端 | 3.12 | 4 缸喷油器驱动低端 |
| 3.02 | 6 缸喷油器驱动高端 | 红色部分为四缸机 | |
| 3.15 | 6 缸喷油器驱动低端 | | |

①结构紧凑、兼容性好。②低功耗，稳定的 I/O。③功能强大的微处理器，容量大。④安装在发动机上振动小。⑤经过热冲击、低温、防水、化学、盐腐蚀、振动、机械冲击、EMC 试验。

**2. ECU 功能**

1）喷油方式控制。高达 5 次喷射（现只用两次）。

2）喷油量控制。①预喷油量自学习控制。②减速断油控制。

3）喷油正时控制。

①主喷正时。②预喷正时。③正时补偿。

4）轨压控制。

①正常和快速轨压控制。②轨压建立和超压保护。③喷油器泄压控制。④轨压跛行回家控制。

5）转矩控制。

①瞬态转矩。②加速转矩。③低速转矩补偿。④最大转矩控制。⑤瞬态冒烟控制。⑥增压器保护控制。

6）过热保护。

7）各缸平衡控制。

8）EGR 控制。

9）VGT 控制。

10）辅助起动控制（电动机和预热塞）。

11）系统状态管理。

12）电源管理。

13）故障诊断。

### 3. 传感器

博世共轨系统传感器见表 5-5。

表 5-5　博世共轨系统传感器

| 名　称 | 功能描述 |
| --- | --- |
| 曲轴位置传感器 | 精确计算曲轴位置，用于喷油时刻、喷油量和转速计算 |
| 凸轮轴位置传感器 | 判缸和曲轴位置传感器失效时用于跛行回家 |
| 进气温度传感器 | 测量进气温度，修正喷油量和喷油正时，过热保护 |
| 增压压力传感器 | 监测进气压力，和进气温度一起计算进气量，与进气温度集成在一起 |
| 冷却液温度传感器 | 测量冷却液温度，用于冷起动、目标怠速计算等，同时用于修正喷油提前角、过热保护等 |
| 共轨压力传感器 | 测量共轨管中的燃油压力，保证油压控制稳定 |
| 加速踏板位置传感器 | 将驾驶人的意图送给控制器 ECU |
| 车速传感器 | 提供车速信号给 ECU，用于整车驱动控制，由整车提供 |
| 大气压力传感器 | 用于不同海拔校正喷油控制参数，集成在 ECU 中 |

## 3.2　质量评价标准

质量评价标准见表 5-6。

表 5-6　质量评价标准

| 序号 | 项目与技术要求 | 配分 | 评分标准 | 检测结果 | 得分 |
| --- | --- | --- | --- | --- | --- |
| 1 | 正确阐述 ECU 检修的项目及方法 | 20 | 酌情扣分 | | |
| 2 | 正确使用解码仪读取故障码，并能根据障码，读取相应数据流 | 10 | 正确使用工具 5 分，测量结果 5 分 | | |
| 3 | 准确检测故障位置 | 30 | 正确使用工具 5 分，测量结果 5 分 | | |
| 4 | 阐述故障机理 | 10 | 酌情扣分 | | |
| 5 | 全面分析故障原因 | 10 | 酌情扣分 | | |
| 6 | 书写诊断报告 | 10 | 酌情扣分 | | |
| 7 | 安全文明生产 | 10 | 酌情扣分 | | |

# 4 拓展任务

## 4.1 发动机典型常见故障

发动机常见故障见表 5-7。

表 5-7 发动机常见故障

| 故障现象 | 故障可能原因及常见表现 | 维修建议 |
| --- | --- | --- |
| 无法起动、难以起动、运行熄火 | 电喷系统无法上电:通电自检时故障指示灯不亮,诊断仪无法连通,油门接插件没有 5V 参考电压,打开点火开关时故障指示灯是否会自检(亮一下) | 检查电喷系统线束及熔丝,特别是点火开关(包括熔丝,改装车还应看点火开关那条线是不是接在点火开关 ON 档上) |
| | 蓄电池电压不足:万用表或诊断仪显示电压偏低,专用工具测蓄电池在起动的时候电压降,起动机拖转无力,前照灯昏暗,起动电动机时,电动机声音是否运转有力 | 更换蓄电池或充电,与别的车合并蓄电池 |
| | 无法建立工作时序:诊断仪显示同步信号故障,示波器显示曲轴/凸轮轴工作,相位错误,电路是否连接完好,曲轴位置传感器上是否有异物或者划痕 | 1)检查曲轴/凸轮轴信号传感器是否完好无损<br>2)检查其接插件及导线是否完好无损 |
| | 预热不足:在高寒工况下,没有等到冷起动指示灯熄灭就起动,万用表或诊断仪显示预热过程蓄电池电压变动不正常 | 1)检查预热线路是否接线良好<br>2)检查预热塞电阻水平是否正常<br>3)检查蓄电池电容量是否足够 |
| | ECU 软、硬件或高压系统故障:诊断仪显示模-数转换模块故障,存在轨压超高的故障 | 1)确认后,更换 ECU 或通知专业人员处理<br>2)检量是否轨压过低 |
| | 喷油器不喷油:急速抖动较大,高压油管无脉动,诊断仪显示急速油量增高,诊断仪显示喷油驱动线路故障 | 1)检查喷油驱动线路(含接插件)是否损坏、断路、短路<br>2)检查高压油管是否泄漏<br>3)检查喷油器是否损坏、积炭 |
| | 高压油泵供油能力不足:诊断仪显示轨压偏小 | 1)检查高压油泵是否能够提供足够的共轨压力<br>2)检查燃油计量阀是否损坏<br>3)检查低压油路是否供油畅通、喷油器是否卡死、高压油管是否裂开等 |
| | 轨压持续超高:诊断仪显示轨压持续 2s 高于 $16 \times 10^7$ Pa | 1)检查燃油计量阀是否损坏<br>2)检查燃油压力泄放阀是否卡滞 |
| | 轨压传感器损坏,难以起动后存在敲缸、冒白烟等现象 | 观察拔掉轨压传感器能否顺利起动 |
| | 机械组件故障,参照机械维修经验:如油路不畅、油路有气、输油泵进口压力不足;起动电动机损坏;阻力过大,缺机油或者未置空档;进、排气门调整错误等 | 1)检查燃油、机油路<br>2)检查进、排气路<br>3)检查滤清器是否阻塞等 |
| 跛行回家模式(故障指示灯亮) | 仅靠曲轴信号运行:诊断仪显示凸轮信号丢失,对起动时间的影响不明显 | 1)检查凸轮轴位置传感器信号线路<br>2)检查凸轮轴位置传感器是否损坏 |
| | 仅靠凸轮轴信号运行:诊断仪显示曲轴信号丢失,起动时间较长(例如 4s 左右),或者难以起动 | 1)检查曲轴位置传感器信号线路<br>2)检查曲轴位置传感器是否损坏 |

（续）

| 故障现象 | 故障可能原因及常见表现 | 维修建议 |
| --- | --- | --- |
| 油门失效，且发动机无急速（转速维持在1100r/min左右） | 油门故障：急速升高至1100r/min，油门失效，诊断仪显示第一、二路油门信号故障，诊断仪显示两路油门信号不一致，诊断仪显示油门卡滞 | 1）检查油门线路（含接插件）是否损坏、断路、短路<br>2）检查油门电阻特性<br>3）检查油门是否进水 |
| 热保护引起功率、转矩不足，转速不受限 | 1）冷却液温度过高导致热保护<br>2）进气温度过高导致热保护<br>3）燃油温度传感器/驱动线路故障<br>4）进气温度传感器/驱动线路故障<br>5）冷却液温度传感器/驱动线路故障 | 1）检查发动机冷却系统<br>2）检查发动机供油系统<br>3）检查发动机气路<br>4）检查冷却液温度传感器本身或信号线路是否损坏<br>5）检查气温传感器本身或信号线路是否损坏 |
| 电控系统进入失效模式后导致功率、转矩不足 | 1）轨压传感器损坏或线路故障<br>2）MeUN驱动故障，阀损坏或线路故障<br>3）诊断仪显示油门无法达到全开等<br>4）高原修正<br>5）共轨压力传感器信号漂移<br>6）高压油泵闭环控制类故障<br>7）增压压力传感器损坏或线路故障 | 对于轨压传感器/MeUN[①]故障：<br>1）诊断仪显示轨压位于 $70 \sim 76 \times 10^6$ Pa左右，随转速升高而升高，则可能燃油计量阀/驱动线路损坏<br>2）诊断仪显示轨压固定于 $77.7 \times 10^6$ Pa，可能为轨压传感器或线路损坏<br>3）发动机最高转速被限制在1600～1700r/min左右<br>4）回油管温度明显升高<br>5）共轨压力信号漂移，检查物理特性，更换<br>6）高压油泵闭环控制类故障，首先检查高压油路是否异常，否则更换高压油泵<br>7）1）、2）、5）、6）、7）导致转速受限 |
| 机械系统原因导致功率、转矩不足 | 1）进排气路阻塞，冒烟限制起作用<br>2）增压后管路泄漏，冒烟限制起作用<br>3）增压器损坏（例如旁通阀常开）<br>4）进、排气门调整错误<br>5）油路阻塞、泄漏<br>6）低压油路有空气或压力不足<br>7）机械阻力过大<br>8）喷油器雾化不良、卡滞等<br>9）其余机械原因 | 1）检查高压、低压燃油管路<br>2）检查进、排气系统<br>3）检查喷油器<br>4）参照机械维修经验进行 |
| 运行不稳，急速不稳 | 信号同步间歇错误：诊断仪显示同步信号出现偶发故障 | 1）检查曲轴/凸轮轴信号线路<br>2）检查曲轴/凸轮轴位置传感器间隙<br>3）检查曲轴/凸轮轴信号盘 |
| | 喷油器驱动故障：诊断仪显示喷油器驱动线路出现偶发故障（断路、短路等） | 检查喷油器驱动线路 |
| | 油门信号波动：诊断仪显示松开加速踏板后仍有开度信号，诊断仪显示固定加速踏板位置后油门信号波动 | 1）检查油门信号电路是否进水或磨损导致油门开度信号漂移<br>2）更换油门 |
| | 机械方面故障：进气管路、进排气门泄漏，低压油路阻塞、油路进气，缺机油等导致阻力过大，喷油器积炭、磨损等 | 参照机械维修经验进行 |

(续)

| 故障现象 | 故障可能原因及常见表现 | 维修建议 |
|---|---|---|
| 冒黑烟 | 喷器雾化不良、滴油等；诊断仪显示怠速油量增大，诊断仪显示怠速转速波动 | 1）根据机械经验进行判断，例如断缸法等<br>2）确认后拆检 |
| | 共轨压力信号漂移（实际 > 检测值）：诊断仪显示相关故障码 | 更换传感器/油轨 |
| | 机械方面故障，例如气门漏气、进、排气门调整错误等；诊断仪显示压缩测试结果不好 | 参照机械维修经验进行 |
| 加速性能差 | 前述各种电喷系统故障原因导致转矩受到限制，诊断仪显示相关故障码 | 按故障码提示进行维修 |
| | 负载过大：各种附件的损坏导致阻力增大，缺机油、机油变质、组件磨损严重，排气制动系统故障导致排气受阻 | 1）检查风扇等附件的转动是否受阻<br>2）检查机油情况<br>3）检查排气制动 |
| | 喷油器机械故障：积炭、针阀卡滞、喷油器体开裂、安装不当导致变形 | 拆检并更换喷油器 |
| | 进气管路泄漏，油路进气 | 1）拧紧松脱管路<br>2）排除油路中空气 |
| | 油门信号错误：诊断仪显示加速踏板踩到底时油门开度达不到 100% | 1）检查线路<br>2）更换油门 |

① MeUN 表示燃油计量单元（调节共轨油压的电磁阀）。

### 4.2 处理优惠和索赔委托任务流程

1）识别优惠和索赔情况。
2）确定工作委托书属于优惠或索赔情况。
3）提供准备记录材料和时间。
4）按照制造商规定执行工作步骤并准备记录。
5）为损伤件分别标注损伤说明并存放。

## 学习任务单 5

| 学校名称 | | 任课教师 | |
|---|---|---|---|
| 班级 | | 学生姓名 | |
| 学习任务 | 新柴油机轿车油耗非常高的故障检修 | | |
| 学习情境 | | 学习时间 | |
| 工作任务 | | 学习地点 | |
| 课前预习 | | | |
| 课堂学习 | 1. 制订一份汽油机发动机管理系统的子系统一览表。<br><br>2. 制订一份柴油机发动机管理系统的子系统一览表。 | | |

（续）

| 课堂学习 | 3. 列出发动机油耗特别高的故障原因。<br>4. 列出发动机管理系统的相关诊断方法。 |
| --- | --- |
| 课后复习 | |
| 备注 | |

## 参 考 文 献

[1] 谢伟钢, 毛芬花. 汽车发动机维修难点解析 [M]. 北京: 机械工业出版社, 2015.
[2] 于增信. 汽车发动机构造、原理与维修 [M]. 北京: 机械工业出版社, 2014.
[3] 王尚勇. 现代柴油机电控喷油技术 [M]. 北京: 机械工业出版社, 2013.
[4] 徐家龙. 柴油机电控喷油技术 [M]. 北京: 人民交通出版社, 2011.
[5] 吴文琳. 汽车柴油机电控系统原理与检修500问 [M]. 北京: 机械工业出版社, 2013.
[6] 黄靖雄, 赖瑞海. 电控柴油机结构与原理 [M]. 北京: 人民交通出版社, 2008.
[7] 张凤山, 张立常. 汽车柴油机喷油泵与电控系统维修 [M]. 北京: 机械工业出版社, 2009.
[8] 宋福昌. 康明斯ISM、QSM11系列全电控柴油机维修手册 [M]. 北京: 金盾出版社, 2011.